Hagen Law School
Fachanwaltslehrgänge

Herausgegeben von
Prof. Dr. Katharina Gräfin von Schlieffen
Prof. Dr. Gabriele Zwiehoff

Hagen
Law
School
Fachanwaltslehrgänge

Annette Warsönke

Besteuerungsverfahren II – Korrektur von Steuerverwaltungsakten

5. überarbeitete Auflage

Stand: 2022

HWV

HAGENER WISSENSCHAFTSVERLAG

Bibliografische Information der Deutschen Nationalbibliothek

Die Deutsche Nationalbibliothek verzeichnet diese Publikation in der Deutschen Nationalbibliografie; detaillierte bibliografische Daten sind im Internet über http://dnb.d-nb.de abrufbar.

ISBN 978-3-7321-0547-2

Die Autorin:

Annette R. Warsönke war viele Jahre als Rechtsanwältin und Fachanwältin für Steuerrecht tätig. Die Autorin ist als „Freie Lektorin ADB" (Akademie des Deutschen Buchhandels) zertifiziert, Mitglied im VFLL (Verband freier Lektorinnen und Lektoren) und arbeitet schwerpunktmäßig als wissenschaftliche Fachlektorin im Bereich Steuer- und Wirtschaftsrecht. Sie ist zudem Autorin verschiedener juristischer Publikationen, unter anderem für die Reihe „leicht gemacht" zu den Themen Abgabenordnung, Einkommensteuer, Körperschaftsteuer und Steuerstrafrecht.

© 2022 HWV • HAGENER WISSENSCHAFTSVERLAG,
in der iuria GmbH
Bredelle 53, 58097 Hagen
E-Mail: kontakt@hwv-verlag.de, Internet: www.hwv-verlag.de

Inhalt

Teil 1
Allgemeines zu den Korrekturvorschriften

A. Grundsätzliches

Die AO kennt zahlreiche Korrekturvorschriften, die es ermöglichen, bestandskräftige Verwaltungsakte zu ändern.

Hierbei ist zu unterscheiden, ob es sich um Steuerbescheide und gleichgestellte Bescheide oder um sonstige Verwaltungsakte handelt.

B. Zur Systematik der Korrekturvorschriften

Bei den Korrekturvorschriften ist strikt zwischen Steuerbescheiden bzw. gleichgestellten Bescheiden und sonstigen Verwaltungsakten zu trennen:

	Anwendbare Vorschriften:	
alle Verwaltungsakte	offenbare Unrichtigkeiten	§ 129 AO
Steuerbescheide und gleichgestellte Bescheide	vorläufige Festsetzung/Vorbehaltsfestsetzung	§§ 164, 165 AO
	Korrekturvorschriften	§§ 172–177 AO
sonstige Verwaltungsakte	Rücknahme/Widerruf	§§ 130, 131 AO

C. Allgemeine Voraussetzungen für die Anwendbarkeit der Korrekturvorschriften

Vor der Beschäftigung mit den Korrekturvorschriften sind immer erst folgende allgemeine Voraussetzungen zu prüfen:

wirksame Bekanntgabe	§ 124 AO
kein nichtiger Verwaltungsakt	§ 125 AO
kein unbeachtlicher Verfahrens- oder Formfehler	§ 126 AO
kein Ausschlussgrund	§ 127 AO
keine Umdeutung	§ 128 AO

I. Wirksame Bekanntgabe

Ein Verwaltungsakt wird gegenüber demjenigen, für den er bestimmt ist oder der von ihm betroffen wird, zu dem Zeitpunkt wirksam, zu dem er ihm bekannt gegeben wird (§ 124 Abs. 1 Satz 1 AO). Im Folgenden werden die wichtigsten Grundsätze zur Bekanntgabe erörtert, ausführliche Verwaltungsanweisungen zu diesem Thema finden sich im AO-Anwendungserlass (AEAO) zu § 122.

1. Adressat des Verwaltungsakts

Hier ist ggf. zwischen Inhaltsadressat, Bekanntgabeadressat und Empfänger zu unterscheiden.

a) Inhaltsadressat

Inhaltsadressat ist derjenige, der vom Verwaltungsakt unmittelbar betroffen ist, bei einem Steuerbescheid also der Steuerschuldner.

b) Bekanntgabeadressat

Dieser ist grundsätzlich mit dem Inhaltsadressaten identisch.

Ausnahme: wenn Dritte für den Inhaltsadressaten steuerliche Pflichten zu erfüllen haben. Dies sind beispielsweise

- gesetzliche Vertreter von natürlichen Personen (Eltern, Pfleger, Vormund)
- Geschäftsführer
- Vermögensverwalter
- Insolvenzverwalter.

c) Empfänger

Dies ist grundsätzlich der Inhalts- bzw. Bekanntgabeadressat. Liegt jedoch dem Finanzamt eine Empfangsvollmacht eines Angehörigen der steuerberatenden Berufe vor, so hat die Bekanntgabe an diesen zu erfolgen.[1]

Fall 1 Der Steuerberater wurde mit der Erstellung und Einreichung der Steuererklärung beauftragt, eine gesonderte Empfangsvollmacht liegt nicht vor.

Lösung Der Auftrag schließt in der Regel die Bestellung als Empfangsbevollmächtigter nicht ein. Aus der Mitwirkung des Steuerberaters bei der Steuererklärung folgt daher nicht, dass die Finanzbehörde ihm einen Steuerbescheid zu übermitteln hat.

Dasselbe gilt in Bezug auf die anderen zur Hilfe in Steuersachen befugten Personen und Vereinigungen (§§ 3, 4 StBerG).

Fall 2 Der empfangsbevollmächtigte Steuerberater hat sich als unzuverlässig herausgestellt.

Lösung Wenn im Einzelfall besondere Gründe gegen die Bekanntgabe des Steuerbescheids an den Bevollmächtigten sprechen, kann der Steuerbescheid unmittelbar dem Steuerpflichtigen selbst bekannt

---

[1] AEAO zu 122, Nr. 1.7.3.; BFH-Urteil vom 05.10.2000, VII R 96/99, BStBl. 2001 II S. 86) – Leitsatz 2: Eine Verpflichtung zur Bekanntgabe eines Verwaltungsakts an den Bevollmächtigten des Steuerpflichtigen besteht nur dann, wenn für den Steuerpflichtigen als denjenigen, für den der Verwaltungsakt bestimmt ist, ein Bevollmächtigter eindeutig und unmissverständlich gerade (auch) als Bekanntgabeadressat bestellt worden ist und sich dies unmittelbar aus der diesbezüglichen Erklärung des Steuerpflichtigen bzw. seines Bevollmächtigten ergibt.

gegeben (§ 122 Abs. 1 Satz 4 AO) oder förmlich zugestellt werden (§ 122 Abs. 5 Satz 3 i. V. m. Abs. 1 Satz 4 AO).[2]

Fall 3 Der Empfangsbevollmächtigte hat aktenkundig unbefugte Hilfeleistung in Steuersachen begangen, entsprechende Maßnahmen wurden eingeleitet und sind rechtskräftig.

Lösung Der Steuerbescheid ist auch nach Vorlage einer Empfangsvollmacht dem Steuerpflichtigen bekannt zu geben, soweit der Bevollmächtigte wegen unbefugter Hilfeleistung in Steuersachen nach § 80 Abs. 7 AO zurückgewiesen oder wenn ihm die Hilfeleistung in Steuersachen nach § 7 StBerG untersagt wurde.[3]

Fall 3 Abwandlung Der Empfangsbevollmächtigte hat gegen die Maßnahmen Rechtsbehelfe eingelegt.

Lösung Das zu Grundfall 3 Gesagte gilt auch, wenn die Zurückweisungsverfügung in der Vollziehung ausgesetzt oder wenn gegen eine Untersagung nach § 7 StBerG Einspruch eingelegt oder Klage erhoben wurde und dieser Rechtsbehelf hemmende Wirkung hat (§ 361 Abs. 4 AO, § 69 Abs. 5 FGO).[4]

Fall 4 Auf der Einkommensteuererklärung 2016 wurde Empfangsvollmacht für den Steuerberater erteilt. Auf den Einkommensteuererklärungen für andere Jahre befindet sich dagegen keine Empfangsvollmacht.

Lösung Die im Einkommensteuererklärungsvordruck erteilte Empfangsvollmacht gilt nur für Bescheide des betreffenden Veranlagungszeitraums.[5]

Fall 4 Abwandlung 1 Für die Einkommensteuer 2016 ergeht ein Änderungsbescheid, der an den Steuerberater geschickt wird.

Lösung Die Empfangsvollmacht für den Veranlagungszeitraum 2016 umfasst auch Änderungsbescheide.[6]

---

[2] AEAO zu 122, Nr. 1.7.3.
[3] AEAO zu 122, Nr. 1.7.3.
[4] AEAO zu 122, Nr. 1.7.3.
[5] AEAO zu 122, Nr. 1.7.3.; BFH-Beschluss vom 16.01.2001, XI B 14/99, BFH/NV S. 888.
[6] AEAO zu 122, Nr. 1.7.3.; BFH-Urteil vom 29.05.1996, I R 42/95, BFH/NV 1997 S. 1.

Fall 4 Abwandlung 2 Auf der Erklärung zur einheitlichen und gesonderten Feststellung 2016 wurde Empfangsvollmacht für den Steuerberater erteilt. Auf den Erklärungen für andere Jahre befindet sich dagegen keine Empfangsvollmacht.

Lösung Anders als bei der Einkommensteuererklärung entfaltet die im Erklärungsvordruck zur gesonderten und einheitlichen Feststellung erteilte Empfangsvollmacht nicht lediglich Wirkung für das Verfahren des entsprechenden Feststellungszeitraums, sondern ist so lange zu beachten, bis sie durch Widerruf entfällt.[7]

Wenn der Steuerpflichtige einen Bevollmächtigten benannt hat, dann bleibt die Vollmacht so lange wirksam, bis der Finanzbehörde ein Widerruf zugeht (§ 80 Abs. 1 Satz 3 AO).

Die Wirksamkeit einer Vollmacht ist nur dann auf einen Besteuerungszeitraum oder einen einzelnen Bearbeitungsvorgang begrenzt, wenn dies ausdrücklich in der Vollmacht erwähnt ist oder sich aus den äußeren Umständen ergibt (z. B. bei Einzelsteuerfestsetzungen) (§ 80 Abs. 1 Satz 2 AO).[8]

2. Zeitpunkt der Bekanntgabe

Das Gesetz kennt mehrere Bekanntgabemöglichkeiten, von denen für einige Bekanntgabefiktionen gelten.

---

[7] AEAO zu § 122, Nr. 1.7.3; BFH-Urteil vom 18.01.2007, IV R 53/05, BStBl. II S. 369 – Leitsatz: Die Bestellung eines gemeinsamen Empfangsbevollmächtigten i. S. des § 183 Abs. 1 Satz 1 AO durch die Feststellungsbeteiligten wirkt regelmäßig auch für künftige Bescheide in Feststellungsverfahren, und zwar auch soweit diese zurückliegende Feststellungszeiträume betreffen.

[8] AEAO zu § 122, Nr. 1.7.6.

a) Schriftlicher Verwaltungsakt, § 122 Abs. 2 AO

Ein schriftlicher Verwaltungsakt, der durch die Post übermittelt wird, gilt bei der Übermittlung im Inland am dritten Tag nach der Aufgabe zur Post als bekannt gegeben (§ 122 Abs. 2 Nr. 1 AO).[9]

Bei der Übermittlung im Ausland verlängert sich die Fiktion auf einen Monat (§ 122 Abs. 2 Nr. 2 AO).

Da es sich bei den genannten Fällen um eine Fiktion handelt, gilt das Gesagte nicht, wenn der Verwaltungsakt nicht oder zu einem späteren Zeitpunkt zugegangen ist.

Im Zweifel hat die Finanzbehörde den Zugang des Verwaltungsakts und den Zeitpunkt des Zugangs nachzuweisen.[10]

b) Elektronisch übermittelter Verwaltungsakt, § 122 Abs. 2a AO

Auch hier gilt eine Dreitagesfiktion nach Absendung, außer bei späterem oder nicht erfolgtem Zugang. Die Beweislast liegt wiederum bei der Behörde (§ 122 Abs. 2a AO).

---

[9] BFH-Urteil vom 14.06.2018, III R 27/17 – Leitsätze: 1. Unter "Aufgabe zur Post" i.S. des § 122 Abs. 2 Nr. 1 AO wird auch die Übermittlung eines Verwaltungsakts durch einen privaten Postdienstleister erfasst. 2. Die Einschaltung eines privaten Postdienstleisters sowie die weitere Einschaltung eines Subunternehmers können für die Zugangsvermutung innerhalb der Dreitagesfrist von Bedeutung sein, weil hierdurch möglicherweise ein längerer Postlauf gegeben ist. In diesen Fällen ist zu prüfen, ob nach den bei den privaten Dienstleistern vorgesehenen organisatorischen und betrieblichen Vorkehrungen regelmäßig von einem Zugang des zu befördernden Schriftstücks innerhalb von drei Tagen ausgegangen werden kann.

[10] BFH-Beschluss vom 23.02.2018, X B 61/17 – NV – Leitsätze: 1. Lässt das Finanzamt die Beförderung von Verwaltungsakten von einem privaten Postdienstleister vornehmen, der kein Universaldienstleister ist und daher nicht an die in § 2 der Post-UniversaldienstleistungsVO genannten Pflichten gebunden ist, darf das FG nicht ohne weitere Sachaufklärung unterstellen, ein solcher privater Postdienstleister liefere auch an Montagen Post aus, obwohl er dazu gesetzlich nicht verpflichtet ist. 2. Das Finanzamt trägt die Feststellungslast sowohl für den Zeitpunkt der Absendung eines Verwaltungsakts als auch für den Zeitpunkt des Zugangs.

c) Elektronisch übermittelter Verwaltungsakt, § 122a Abs. 4 AO

Ein zum Abruf bereitgestellter Verwaltungsakt gilt am dritten Tag nach Absendung der elektronischen Benachrichtigung über die Bereitstellung der Daten an die abrufberechtigte Person als bekannt gegeben. Auch hier liegt die Beweislast bei der Behörde (§ 122a Abs. 4 AO).

d) Öffentliche Bekanntgabe eines Verwaltungsakts, § 122 Abs. 4 AO

Der öffentlich bekannt gegebene Verwaltungsakt (§ 122 Abs. 3 und 4 AO) gilt zwei Wochen nach dem Tag der ortsüblichen Bekanntgabe als bekannt gegeben (§ 122 Abs. 4 Satz 3 AO). Eine hiervon abweichende Regelung durch Allgemeinverfügung ist zulässig (§ 122 Abs. 4 Satz 4 AO).

e) Förmliche Zustellung eines Verwaltungsakts, § 122 Abs. 5 AO

Die förmliche Zustellung richtet sich nach den Vorschriften des Verwaltungszustellungsgesetzes (§ 122 Abs. 5 AO). Für sie gilt damit die Dreitagesfiktion des § 122 Abs. 2 AO nicht.

Wenn sich die formgerechte Zustellung eines Dokuments nicht nachweisen lässt oder es unter Verletzung zwingender Zustellungsvorschriften zugegangen ist, gilt es als in dem Zeitpunkt zugestellt, in dem es dem Empfangsberechtigten tatsächlich zugegangen ist. Bei Zustellung eines Schriftstücks ist dies der Zeitpunkt, in dem der Empfänger das Dokument "in die Hand bekommt", und nicht bereits der Zeitpunkt, zu dem nach dem gewöhnlichen Geschehensablauf mit einer Kenntnisnahme gerechnet werden konnte.[11]

---

[11] AEAO zu § 122 Nr. 4.5.1; BFH-Beschluss vom 06.05.2014, GrS 2/13, BStBl. II S. 645 zu § 189 ZPO – Leitsatz: Verstößt eine Ersatzzustellung durch Einlegen in den Briefkasten gegen zwingende Zustellungsvorschriften, weil der Zusteller entgegen § 180 Satz 3 ZPO auf dem Umschlag des zuzustellenden Schriftstücks das Datum der Zustellung nicht vermerkt hat, ist das zuzustellende Dokument i. S. des § 189 ZPO in dem Zeitpunkt dem Empfänger tatsächlich zugegangen, in dem er das Schriftstück in die Hand bekommt.

Bei Zustellung eines elektronischen Dokuments[12] (§ 5 Abs. 5 VwZG) gilt dieses in dem Zeitpunkt als zugestellt, in dem der Empfänger das Empfangsbekenntnis zurückgesendet hat (§ 8 VwZG).

Ein Zustellungsmangel ist nach § 8 VwZG auch dann geheilt, wenn durch die Zustellung eine Klagefrist in Lauf gesetzt wird (z. B. in den Fällen der behördlich angeordneten förmlichen Zustellung einer Einspruchsentscheidung); des Weiteren auch dann, wenn der Empfänger nachweislich nur eine Fotokopie oder eine Mehrausfertigung des Verwaltungsakts erhalten hat.[13]

Zwingende Zustellungsvorschriften sind insbesondere bei der Zustellung durch die Post mit Zustellungsurkunde[14] zu beachten:

–   Es müssen sowohl die Zustellungsart (z. B. Ersatzzustellung) als auch der Zustellungsort (Wohnung, Geschäftsraum) richtig durch den Postbediensteten beurkundet werden.

–   Das Aktenzeichen muss sowohl auf dem verschlossenen Briefumschlag als auch auf der Zustellungsurkunde angegeben sein. Die bloße Angabe der Steuernummer reicht nicht aus.[15]

Auch ein Verstoß gegen § 10 VwZG bei der Anordnung einer öffentlichen Zustellung[16] kann unter den Voraussetzungen des § 8 VwZG geheilt werden.[17]

---

[12]   AEAO zu § 122, Nrn. 3.1.3.3 und 3.1.3.5.

[13]   AEAO zu § 122 Nr. 4.5.1; BFH-Urteil vom 15.01.1991, VII R 86/89, BFH/NV 1992 S. 81.

[14]   AEAO zu § 122, Nr. 3.1.1.

[15]   AEAO zu § 122, Nr. 3.1.1.1.

[16]   AEAO zu § 122, Nr. 3.1.5.

[17]   AEAO zu § 122 Nr. 4.5.2; BFH-Urteil vom 06.06.2000, VII R 55/99, BStBl. II S. 560 – Leitsatz 2: Die unwirksame öffentliche Zustellung eines Bescheides kann durch die Übersendung einer Fotokopie geheilt werden. BFH-Urteil vom 13.09.2017, III R 6/17 – NV – Leitsatz 1: Ein Bescheid, dessen öffentliche Zustellung wegen des fehlenden Hinweises gemäß § 10 Abs. 2 Satz 3 VwZG unwirksam ist, geht dem Adressaten zu, wenn er seinem Prozessbevollmächtigten durch Akteneinsicht tatsächlich zur Kenntnis gelangt. Insoweit ist es unerheblich, ob sich das Original oder die Kopie des Bescheides in der Akte befand.

Eine wegen Formmangels unwirksame, von der Finanzbehörde angeordnete Zustellung eines Steuerbescheides kann nicht in eine wirksame "schlichte" Bekanntgabe i. S. d. § 122 Abs. 1 AO umgedeutet werden.[18]

f) Bekanntgabe von Verwaltungsakten durch Bereitstellung zum Datenabruf (§ 122a AO)

Verwaltungsakte können mit Einwilligung des Beteiligten oder der von ihm bevollmächtigten Person bekannt gegeben werden, indem sie zum Datenabruf durch Datenfernübertragung bereitgestellt werden (§ 122a Abs. 1 AO).

Ein zum Abruf bereitgestellter Verwaltungsakt gilt am dritten Tag nach Absendung der elektronischen Benachrichtigung über die Bereitstellung der Daten an die abrufberechtigte Person als bekannt gegeben (§ 122a Abs. 4 Satz 1 AO).

Im Zweifel hat die Behörde den Zugang der Benachrichtigung nachzuweisen (§ 122a Abs. 4 Satz 2 AO).

Kann die Finanzbehörde den von der abrufberechtigten Person bestrittenen Zugang der Benachrichtigung nicht nachweisen, gilt der Verwaltungsakt an dem Tag als bekannt gegeben, an dem die abrufberechtigte Person den Datenabruf durchgeführt hat (§ 122a Abs. 4 Satz 3 AO).

Das Gleiche gilt, wenn die abrufberechtigte Person unwiderlegbar vorträgt, die Benachrichtigung nicht innerhalb von drei Tagen nach der Absendung erhalten zu haben (§ 122a Abs. 4 Satz 4 AO).

Fall Der Finanzbehörde gelingt der Nachweis des Zugangs der Benachrichtigung nicht; die Daten wurden auch von keiner dazu berechtigten Person abgerufen.

Lösung Der Verwaltungsakt gilt als nicht zugegangen. Die Bekanntgabe ist deshalb zu wiederholen – vorzugsweise im schriftlichen Verfahren.[19]

---

[18] AEAO zu § 122 Nr. 4.5.3; BFH-Urteil vom 25.01.1994, VIII R 45/92, BStBl. II S. 603 – Leitsatz 2.
[19] AEAO zu § 122a Nr. 2.

II. Kein nichtiger Verwaltungsakt

Ein Verwaltungsakt ist nichtig, wenn er entweder an einem besonders schwerwiegenden, offenkundigen Fehler leidet (§ 125 Abs. 1 AO) oder wenn die Voraussetzungen des § 125 Abs. 2 AO vorliegen.

Ein nichtiger Verwaltungsakt ist unwirksam (§ 124 Abs. 3 AO), es gelten die Sondervorschriften des § 125 AO bzw. § 41 FGO.

Die Nichtigkeit kann durch die Finanzbehörde von Amts wegen festgestellt werden.

Fall Der Einkommensteuerbescheid für 2017 ist aufgrund eines offensichtlichen Fehlers nichtig. In dem „Bescheid" wurde eine Steuernachzahlung festgelegt.

Lösung Die Nichtigkeit ist festzustellen, wenn der Antragsteller hieran ein berechtigtes Interesse hat (§ 125 Abs. 5 AO).

Fall Fortsetzung Das Finanzamt hält den Bescheid nicht für nichtig und verweigert die Nichtigkeitsfeststellung. Zwischenzeitlich wurde dem Steuerpflichtigen die Vollstreckung angedroht.

Lösung Kommt die Finanzbehörde dem Antrag nicht nach, weil sie den Verwaltungsakt beispielsweise nicht für nichtig hält, ist Nichtigkeitsfeststellungsklage nach § 41 Abs. 1 FGO möglich, wenn der Antragsteller ein berechtigtes Interesse an der baldigen Feststellung hat. Ein solches ist z. B. bei drohender Vollstreckung gegeben.

III. Kein unbeachtlicher Verfahrens- oder Formfehler

Wenn kein nach § 125 AO nichtiger Verwaltungsakt vorliegt, sind Form- und Verfahrensfehler unter anderem dann nach § 126 Abs. 1 AO unbeachtlich, wenn

- für den Verwaltungsakt erforderliche Anträge nachträglich gestellt werden (Nr. 1),
- nach § 121 AO erforderliche Begründungen nachträglich gegeben werden (Nr. 2),
- die nach §§ 91, 199 Abs. 2, 201, 202 Abs. 2 AO erforderliche Anhörung eines Beteiligten nachgeholt wird (Nr. 3).

– Auch eine nicht erfolgte erforderliche Mitwirkung von Ausschüssen (Nr. 4) oder Behörden (Nr. 5) kann ggf. nachgeholt werden.

IV. Kein Ausschlussgrund

Die Aufhebung eines Verwaltungsakts, der nicht nach § 125 AO nichtig ist, kann nicht allein deshalb beansprucht werden, weil er unter Verletzung von Vorschriften über das Verfahren, die Form oder die örtliche Zuständigkeit zustande gekommen ist, wenn keine andere Entscheidung in der Sache hätte getroffen werden können (§ 127 AO).

Die Vorschrift gilt nur für die gesetzesgebundenen Verwaltungsakte. Sie verhindert, dass der Steuerpflichtige die Aufhebung eines Steuerbescheids allein deshalb beanspruchen kann, weil der Finanzbehörde bei der Steuerfestsetzung ein Verfahrensfehler (z. B. unterlassene Anhörung) oder ein Formfehler (z. B. fehlende Begründung) unterlaufen ist oder weil die Finanzbehörde Vorschriften über die örtliche Zuständigkeit nicht beachtet hat.

Fall Mangels Steuererklärung erging ein Schätzbescheid nach § 162 AO; dies jedoch vom örtlich unzuständigen Finanzamt.

Lösung § 127 AO ist auch anwendbar, wenn die Besteuerungsgrundlagen für einen Steuerbescheid geschätzt worden sind.

Sie ist nicht anwendbar bei Verletzung der Vorschriften über die sachliche Zuständigkeit.[20]

§ 127 AO gilt nicht für Ermessensentscheidungen (§ 5 AO). Wenn diese mit einem Verfahrens- oder Formfehler behaftet sind, der nicht geheilt werden kann (§ 126 AO), müssen sie aufgehoben und – nach erneuter Ausübung des Ermessens – nochmals erlassen werden, falls der Beteiligte rechtzeitig einen Rechtsbehelf eingelegt hat. Dies gilt nur dann nicht, wenn der mit dem Rechtsbehelf gerügte Fehler die Entscheidung durch die zuständige Finanzbehörde unter keinen Umständen beeinflusst haben kann.[21]

---

[20] AEAO zu § 127 Nr. 1.
[21] AEAO zu § 127 Nr. 2.

Fall 1 Der Gewerbesteuermessbescheid wurde statt vom zuständigen Finanzamt München vom Finanzamt Starnberg erlassen.

Lösung Die Aufhebung eines Gewerbesteuermessbescheids kann regelmäßig nicht allein deswegen beansprucht werden, weil er von einem örtlich unzuständigen Finanzamt erlassen worden ist.[22]

Fall 2 Der Bescheid über die gesonderte Feststellung ist unter Verletzung der in § 180 Abs. 1 Satz 1 Nr. 2 lit. b AO herangezogenen Vorschriften über die örtliche Zuständigkeit ergangen.

Lösung Der Bescheid muss aufgehoben werden, weil die Verletzung der §§ 18, 19 AO in der gem. § 180 Abs. 1 Satz 1 Nr. 2 lit. b AO getroffenen Zuordnung ein nicht heilbarer Rechtsfehler ist.[23]

V. Keine Umdeutung

Fehlerhafte, nicht nichtige Verwaltungsakte können unter den Voraussetzungen des § 128 AO in einen anderen Verwaltungsakt umgedeutet werden.

---

[22] AEAO zu § 127 Nr. 3; BFH-Urteil vom 19.11.2003, I R 88/02, BStBl. 2004 II S. 751 – Leitsatz 3 (gegen Senatsurteil vom 14.11.1984 I R 151/80, BFHE 142, 544, BStBl. II 1985, 607, Änderung der Rechtsprechung (der Leitsatz des damaligen Senatsurteils lautet: Stellt das Finanzgericht nach Anfechtung eines Gewerbesteuermessbescheids fest, dass der Bescheid von einem örtlich unzuständigen Finanzamt erlassen wurde, so ist das Finanzgericht verpflichtet, den Bescheid ersatzlos aufzuheben (Ergänzung der BFH-Urteile vom 02.07.1980 I R 74/77, BFHE 131, 180, BStBl. II 1980, 684, und vom 22.09.1983 IV R 109/83, BFHE 140, 132, BStBl. II 1984, 342)).

[23] AEAO zu § 127 Nr. 3; BFH-Urteil vom 15.04.1986, VIII R 325/84, BStBl. 1987 II S. 195 – Leitsatz: Eine gesonderte Gewinnfeststellung für Einzelunternehmer nach § 180 Abs. 1 Nr. 2 Buchst. b AO 1977 ist nur zulässig, wenn im Zeitpunkt der Veranlagung das Betriebs-Finanzamt nicht auch für die Steuern vom Einkommen zuständig ist; in diesem Zusammenhang ebenfalls interessant: BFH-Urteil vom 10.06.1999, IV R 69/98, BStBl. II S. 691 – Leitsatz 1: Übt ein Steuerpflichtiger seine freiberufliche Tätigkeit in mehreren Gemeinden aus, so ist für die dadurch erzielten Einkünfte nur eine gesonderte Feststellung durchzuführen. Ist das Finanzamt, von dessen Bezirk aus die Tätigkeit vorwiegend ausgeübt wird, nach § 19 Abs. 3 Satz 1 AO 1977 zugleich Wohnsitzfinanzamt, so bedarf es für die außerhalb der Wohnsitzgemeinde erzielten Einkünfte keiner gesonderten Feststellung.

Fall Es wurde Aussetzung der Vollziehung (§ 361 AO) gewährt, obwohl der Einspruch wegen Fristablaufs nicht mehr zulässig war. Die Voraussetzungen für eine Stundung (§ 222 AO) wären erfüllt.

Lösung Der fehlerhafte Verwaltungsakt (Aussetzung der Vollziehung) kann in einen anderen Verwaltungsakt (Stundung) umgedeutet werden, weil er auf das gleiche Ziel (Zahlungsaufschub) gerichtet ist, von der erlassenden Verwaltungsbehörde in der geschehenen Verfahrensweise und Form rechtmäßig hätte erlassen werden können und die Voraussetzungen für dessen Erlass erfüllt sind.

Teil 2
Offenbare Unrichtigkeiten beim Erlass eines Verwaltungsakts (§ 129 AO)

A. Geltungsbereich

§ 129 AO gilt für alle Verwaltungsakte, also Steuerbescheide, gleichgestellte Bescheide und sonstige Verwaltungsakte.

Nach dieser Vorschrift können offenbare Unrichtigkeiten, die beim Erlass eines Verwaltungsakts unterlaufen sind, jederzeit von den Finanzbehörden berichtigt werden (§ 129 Satz 1 AO).

Offenbare Unrichtigkeit	Schreibfehler	beim Erlass eines Verwaltungsakts unterlaufen	Steuerbescheide	Berichtigung durch Finanzbehörden jederzeit möglich
	Rechenfehler			
	ähnliche offenbare Unrichtigkeiten		sonstige Verwaltungsakte	

B. Begriffsbestimmung

I. Unrichtigkeiten

§ 129 AO nennt Unrichtigkeiten kraft Gesetzes und ähnliche Unrichtigkeiten.

1. Schreib- und Rechenfehler

Diese sind schon kraft Gesetzes immer Unrichtigkeiten.

2. Ähnliche Unrichtigkeiten

a) Mechanische Fehler

Es müssen den Vorgenannten ähnliche mechanische Fehler sein.

Beispiele Übertragungsfehler, Übersehen von Eintragungen, Fehler beim Ablesen aus Tabellen.

b) Keine Rechtsanwendungsfehler

Fall Der Finanzbeamte hat bei der Bearbeitung der Steuererklärung den falschen Paragrafen herangezogen.

Lösung Die Fehler dürfen keine Rechtsanwendungsfehler sein. Hat also der Finanzbeamte den Sachverhalt falsch ermittelt[24] oder Gesetze falsch angewendet, fällt dies nicht unter § 129 AO.

---

[24] BFH-Urteil vom 16.01.2018, VI R 41/16 – Leitsätze: 1. Gleicht das Finanzamt bei einer Papiererklärung den elektronisch übermittelten und der Steuererklärung beigestellten Arbeitslohn generell nicht mit dem vom Steuerpflichtigen in der Einkommensteuererklärung erklärten Arbeitslohn ab und werden die Einnahmen aus nichtselbständiger Arbeit im Einkommensteuerbescheid infolgedessen unzutreffend erfasst, liegt darin keine offenbare Unrichtigkeit i.S. des § 129 AO. 2. Stimmen der vom Steuerpflichtigen erklärte und der der Einkommensteuererklärung beigestellte Arbeitslohn nicht überein, hat der Sachbearbeiter regelmäßig – ggf. in weiteren Datenbanken – zu ermitteln, welches der zutreffende Arbeitslohn ist.

II. Offenbar

Die Unrichtigkeit muss für einen objektiven Betrachter ohne lange Nachforschungen erkennbar sein.

Dies ist dann der Fall, wenn der Fehler mit Blick auf die Steuerunterlagen des betroffenen Veranlagungszeitraums erkennbar ist, nicht jedoch, wenn der Fehler nicht ohne Durchsicht der Steuerunterlagen anderer Veranlagungszeiträume erkennbar war. Denn letztere hat der Finanzbeamte im Rahmen der Abschnittsbesteuerung nicht notwendigerweise bei der Bearbeitung des Sachverhalts auf dem Tisch.

III. Beim Erlass eines Verwaltungsakts

Die offenbaren Unrichtigkeiten müssen beim Erlass eines Verwaltungsakts aufgetreten sein.

1. Fehler des Finanzamts

Es muss sich um einen Fehler des Finanzamts handeln.

2. Fehler des Steuerpflichtigen

Bei Fehlern des Steuerpflichtigen bei Erstellung seiner Steuererklärung ist zwischen der Rechtslage bis 2016 und ab 2017 zu unterscheiden.[25]

a) Rechtslage bis zum 31. Dezember 2016

Fehler des Steuerpflichtigen bei der Erstellung der Steuererklärung können nur dann berücksichtigt werden, wenn es sich um offenbare Übernahmefehler handelt.[26]

Fall 1 Der Steuerpflichtige hat den Gewinn aus der Einnahmenüberschussrechnung (EÜR) nicht richtig in die Anlage der Einkommensteuererklärung übertragen. Die EÜR wurde der Erklärung beigefügt.

---

[25] AEAO zu § 129 Nr. 4.
[26] AEAO zu § 129 Nr. 4.

Lösung Es liegt ein zu berücksichtigender Fehler vor.

Fall 2 Wie Fall 1, nur wurde diesmal die EÜR nicht beigefügt.

Lösung Da mangels beigefügter EÜR für den Finanzbeamten nicht zu erkennen ist, dass vom Steuerpflichtigen falsche Daten übernommen wurden, ist der Fehler nicht nach § 129 AO zu berücksichtigen.

b) Rechtslage ab dem 1. Januar 2017

Fehler des Steuerpflichtigen werden ab dem 1. Januar 2017 von § 173a AO erfasst.[27] Weitere Ausführungen finden Sie in dem Kapitel zu dieser Norm.

C. Ermessen mit Berichtigungszwang

I. Ermessen

Die Berichtigung der offenbaren Unrichtigkeiten liegt grundsätzlich im Ermessen (§ 5 AO) des Finanzamts („können", § 129 Satz 1 AO).

II. Berechtigtes Interesse

Bei berechtigtem Interesse des Steuerpflichtigen ist zu berichtigen (§ 129 Satz 2 AO). Ein solches besteht, wenn dem Betroffenen durch den Verwaltungsakt Nachteile entstehen, beispielsweise bei einer zu hohen Steuerfestsetzung.

---

[27] AEAO zu § 129 Nr. 4; AEAO zu § 173a.

III. § 85 AO

In den Fällen, in denen kein berechtigtes Interesse des Steuerpflichtigen besteht, muss sich das Finanzamt an den Grundsätzen der Gleichmäßigkeit und Gesetzmäßigkeit der Besteuerung (§ 85 AO) orientieren. Es muss dann beispielsweise die aufgrund eines Schreibfehlers zu hoch bekannt gegebene Steuererstattung berichtigen.

D. Frist

Für die Berichtigung zugunsten und zuungunsten des Steuerpflichtigen gelten unterschiedliche Fristen:[28]

I. Steuerfestsetzungen und Zinsbescheide

Die Berichtigung ist nur innerhalb der Festsetzungsfrist (§ 169 Abs. 1 Satz 2 AO) möglich.

Eine besondere Ablaufhemmung wird dabei in § 171 Abs. 2 AO angeordnet: Ist beim Erlass eines Steuerbescheids eine offenbare Unrichtigkeit (§ 129 AO) unterlaufen, so endet die Festsetzungsfrist nicht vor Ablauf eines Jahres nach Bekanntgabe des Steuerbescheids. Das Gleiche gilt, wenn bei der Erstellung der Steuererklärung ein Schreib- oder Rechenfehler unterlaufen ist (§ 173a AO).

II. Aufteilungsbescheide

Für Aufteilungsbescheide ist eine Berichtigung nur bis zur Beendigung der Vollstreckung zulässig (§ 280 Abs. 2 AO).

---

[28] AEAO zu § 129 Nr. 6.

III. Verwaltungsakte, die sich auf Zahlungsansprüche richten

Hier ist eine Berichtigung bis zum Ablauf der Zahlungsverjährung (§ 228 AO) zulässig.[29]

IV. Andere Verwaltungsakte

Bei anderen Verwaltungsakten ist eine Berichtigung zeitlich unbeschränkt zulässig.[30]

E. Umfang der Berichtigung

Berichtigungen erfolgen zugunsten und zuungunsten des Steuerpflichtigen.

Bei einer Berichtigung nach § 129 AO können im Wege pflichtgemäßen Ermessens auch materielle Fehler i. S. d. § 177 AO berichtigt werden.[31]

---

[29] AEAO zu § 129 Nr. 6.
[30] AEAO zu § 129 Nr. 6.
[31] AEAO zu § 129 Nr. 5.

Teil 3
Rücknahme oder Widerruf eines Verwaltungsakts (§§ 130, 131 AO)

A. Geltungsbereich

Die §§ 130 bis 133 AO gelten für Rücknahme oder Widerruf von Verwaltungsakten, die keine Steuerbescheide sind. Der Anwendungsbereich ist im Übrigen nur eröffnet, soweit keine Sonderregelungen bestehen.

Sonderregelungen gelten insbesondere für:[32]

Steuerbescheide	§§ 172–177 (vgl. § 172 Abs. 1 Satz 1 Nr. 2 lit. d AO)
verbindliche Zusagen	§§ 206, 207 AO
Aufteilungsbescheide	§ 280 AO

B. Dabei ist zu differenzieren

Bei der Anwendung der §§ 130, 131 AO ist zwischen rechtswidrigen und rechtmäßigen sowie zwischen begünstigenden und nicht begünstigenden Verwaltungsakten zu differenzieren.

---

[32] AEAO vor §§ 130, 131, Nr. 1.

Die Regelungen entsprechen weitgehend denen der §§ 48 und 49 VwVfG über die Rücknahme rechtswidriger und den Widerruf rechtmäßiger Verwaltungsakte.

Verwaltungsakt	rechtswidrig	nicht begünstigend	§ 130 Abs. 1 AO	Rücknahme ganz oder zum Teil mit Wirkung für die Zukunft oder Vergangenheit
		begünstigend	§ 130 Abs. 2 AO	
	rechtmäßig	nicht begünstigend	§ 131 Abs. 1 AO	Widerruf ganz oder zum Teil mit Wirkung für die Zukunft
		begünstigend	§ 131 Abs. 2 AO	

I. Rechtswidriger oder rechtmäßiger Verwaltungsakt

1. Rechtswidrig

Ein Verwaltungsakt ist rechtswidrig, wenn er

– im Zeitpunkt seines Erlasses ganz oder teilweise gegen zwingende gesetzliche Vorschriften (§ 4 AO) verstößt oder
– ermessensfehlerhaft ist (vgl. § 5 AO)[33] oder
– eine Rechtsgrundlage überhaupt fehlt.[34]

2. Rechtmäßig

Ein Verwaltungsakt ist rechtmäßig, wenn er zum Zeitpunkt des Wirksamwerdens (Bekanntgabe, §§ 122, 122a AO) dem Gesetz (§ 4 AO) entspricht.[35]

---

[33] AEAO zu § 5.
[34] AEAO zu § 130 Nr. 1.
[35] AEAO zu § 131 Nr. 1.

II. Begünstigender oder nicht begünstigender Verwaltungsakt

Da Rücknahme oder Widerruf eines begünstigenden Verwaltungsakts den Steuerpflichtigen auf andere Weise berühren als die eines nicht begünstigenden, trifft das Gesetz für die begünstigenden Verwaltungsakte Sonderregelungen.

1. Begünstigender Verwaltungsakt

Ein solcher liegt nach der Legaldefinition des § 130 Abs. 2 AO vor, wenn er ein Recht oder einen rechtlich erheblichen Vorteil begründet oder bestätigt hat.

Begünstigende Verwaltungsakte sind insbesondere:[36]

Gewährung von Entschädigungen	§ 107 AO
Fristverlängerungen	§ 109 AO
Gewährung von Buchführungserleichterungen	§ 148 AO
Billigkeitsmaßnahmen	§§ 163, 227, 234 Abs. 2 AO
Verlegung des Beginns einer Außenprüfung	§ 197 Abs. 2 AO
Stundungen	§ 222 AO
Einstellung oder Beschränkung der Vollstreckung	§§ 257, 258 AO
Aussetzung der Vollziehung	§ 361 AO, § 69 Abs. 2 FGO

---

[36] AEAO vor §§ 130, 131, Nr. 2.

2. Nicht begünstigender Verwaltungsakt

Dieser greift in die Rechte des Betroffenen ein, insbesondere:[37]

Ablehnung beantragter begünstigender Verwaltungsakte	
Festsetzung von steuerlichen Nebenleistungen	§§ 3 Abs. 4, 218 Abs. 1 AO
Ablehnung einer Erstattung von Nebenleistungen	§§ 37 Abs. 2, 218 Abs. 2 AO
Auskunftsersuchen	§§ 93 ff. AO
Aufforderung zur Buchführung	§ 141 Abs. 2 AO
Haftungs- und Duldungsbescheide	§ 191 AO
Prüfungsanordnungen	§ 196 AO
Anforderung von Säumniszuschlägen	§ 240 AO
Pfändungen	§ 281 AO

C. Rücknahme eines rechtswidrigen Verwaltungsakts (§ 130 AO)

Bei der Rücknahme ist ebenfalls zwischen nicht begünstigenden und begünstigenden Verwaltungsakten zu unterscheiden.

I. Rücknahme nicht begünstigender rechtswidriger Verwaltungsakte (§ 130 Abs. 1 AO)

Ein rechtswidriger (nicht begünstigender) Verwaltungsakt kann, auch nachdem er unanfechtbar geworden ist, ganz oder teilweise mit Wirkung für die Zukunft oder für die Vergangenheit zurückgenommen werden.

---

[37] AEAO vor §§ 130, 131, Nr. 3.

1. Ermessensentscheidung

Die Finanzbehörde entscheidet im Rahmen ihres Ermessens („kann", § 5 AO), ob sie eine Überprüfung eines rechtswidrigen (nicht begünstigenden), unanfechtbaren Verwaltungsakts vornehmen soll.[38]

2. Frist

Nicht begünstigende rechtswidrige Verwaltungsakte können jederzeit zurückgenommen werden, auch wenn die Einspruchsfrist (§ 355 AO) abgelaufen ist.[39]

II. Rücknahme begünstigender rechtswidriger Verwaltungsakte (§ 130 Abs. 2 AO)

Ein rechtswidriger, begünstigender Verwaltungsakt darf nach § 130 Abs. 2 AO nur zurückgenommen werden, wenn

– er von einer sachlich unzuständigen Behörde erlassen worden ist (Nr. 1),
– er durch unlautere Mittel wie arglistige Täuschung, Drohung oder Bestechung erwirkt worden ist (Nr. 2),
– ihn der Begünstigte durch Angaben erwirkt hat, die in wesentlicher Beziehung unrichtig oder unvollständig waren (Nr. 3),
– seine Rechtswidrigkeit dem Begünstigten bekannt oder infolge grober Fahrlässigkeit nicht bekannt war (Nr. 4).

1. Ermessensentscheidung

Auch hier hat die Finanzbehörde nach dem Wortlaut „darf" Ermessen (§ 5 AO). Zu einer Ermessensausübung kann es jedoch überhaupt nur dann kommen, wenn die Voraussetzungen des § 130 Abs. 2 AO gegeben sind, also ein rücknahmefähiger begünstigender Verwaltungsakt vorliegt.

---

[38] AEAO zu § 130 Nr. 2.
[39] AEAO zu § 130 Nr. 3.

2. Jahresfrist

Für die Rücknahme eines begünstigenden rechtswidrigen Verwaltungsakts nach § 130 Abs. 2 Nr. 1, 3 und 4 AO gilt gemäß § 130 Abs. 3 AO eine Jahresfrist (Ausschlussfrist), welche mit Kenntniserlangung der Finanzbehörde beginnt.[40] Kenntniserlangung ist dann zu bejahen, wenn die Finanzbehörde ohne weitere Sachverhaltsaufklärung objektiv in der Lage ist, unter sachgerechter Ausübung ihres Ermessens über die Rücknahme zu entscheiden.[41]

III. Rücknahme mit Wirkung für die Zukunft oder für die Vergangenheit

Es steht im Ermessen (§ 5 AO) der Finanzbehörde, ob der Verwaltungsakt nur mit Wirkung für die Zukunft (*ex nunc*) oder auch für die Vergangenheit (*ex tunc*) zurückgenommen wird.

Eine Rücknahme für die Vergangenheit kommt beispielsweise dann in Betracht, wenn der Grund für die Fehlerhaftigkeit in der Sphäre des Steuerpflichtigen liegt.

---

[40] AEAO zu § 130 Nr. 5; BVerwG-Beschluss vom 19.12.1984, GrS 1 und 2/84 – Leitsatz: § 48 Abs. 4 Satz 1 VwVfG und Art. 48 Abs. 4 Satz 1 BayVwVfG finden Anwendung, wenn die Behörde nachträglich erkennt, dass sie den beim Erlass eines begünstigenden Verwaltungsakts vollständig bekannten Sachverhalt unzureichend berücksichtigt oder unrichtig gewürdigt und deswegen rechtswidrig entschieden hat. Die Frist beginnt zu laufen, wenn die Behörde die Rechtswidrigkeit des Verwaltungsakts erkannt hat und ihr die für die Rücknahmeentscheidung außerdem erheblichen Tatsachen vollständig bekannt sind; des Weiteren BVerwGE 70 S. 356, und daran anschließend die ständige Rechtsprechung des BFH.

[41] AEAO zu § 130 Nr. 5.

IV. Teilrücknahme

Eine teilweise Rücknahme ist zulässig.[42]

Fall Ein Verspätungszuschlag ist unter Abweichung der Grundsätze des § 152 AO auf 250 € festgesetzt worden. Rechtlich zulässig wären nur 150 € gewesen.

Lösung Die Festsetzung kann insoweit zurückgenommen werden, wie sie den zulässigen Betrag übersteigt (100 €); sie bleibt im Übrigen (150 €) bestehen.

V. Rücknahme verbunden mit einem neuen Verwaltungsakt

Sofern die Rücknahme zulässig und wirksam ist, kann die Finanzbehörde aufgrund des veränderten Sachverhalts oder der veränderten Rechtslage einen neuen Verwaltungsakt erlassen, der für den Beteiligten weniger vorteilhaft ist. Hierbei ist zu beachten, dass unter Begünstigung jede Rechtswirkung zu verstehen ist, an deren Aufrechterhaltung der vom Verwaltungsakt Betroffene ein schutzwürdiges Interesse hat.[43]

Fall 1 Ein Verspätungszuschlag ist aufgrund von falschen Angaben des Steuerpflichtigen auf 500 € festgesetzt worden. Eine Überprüfung des Falles ergibt, dass eine Festsetzung i. H. v. 1.000 € richtig gewesen wäre.

Lösung Die Rücknahme der (insoweit begünstigenden) Festsetzung, verbunden mit einer neuen, höheren Festsetzung, ist rechtlich zulässig, da die niedrige Festsetzung auf unrichtigen oder unvollständigen Angaben des Steuerpflichtigen beruhte (§ 130 Abs. 2 Nr. 3 AO).[44]

Fall 2 Der Steuerpflichtige hat durch arglistige Täuschung über seine Vermögens- und Liquiditätslage eine Stundung ohne Sicherheitsleistung erwirkt. Später entdeckt das Finanzamt die Täuschung.

---

[42] AEAO zu § 130 Nr. 3.
[43] AEAO zu § 130 Nr. 4.
[44] AEAO zu § 130 Nr. 4, Beispiel a.

Lösung Die Finanzbehörde kann die rechtswidrige Stundungsverfügung (§ 222 AO) mit Wirkung für die Vergangenheit zurücknehmen (§ 130 Abs. 2 Nr. 2 AO), für die Vergangenheit Säumniszuschläge (§ 240 AO) anfordern (denn diese sind ja nur aufgrund der rechtswidrig gewährten Stundung nicht erhoben worden) und eine in die Zukunft wirkende neue Stundung von einer Sicherheitsleistung abhängig machen.[45]

VI. Zuständige Behörde (§ 130 Abs. 4 AO)

Über die Rücknahme entscheidet nach Unanfechtbarkeit des Verwaltungsakts die nach den Vorschriften über die örtliche Zuständigkeit (§§ 17 ff. AO) zuständige Finanzbehörde; dies gilt auch dann, wenn der zurückzunehmende Verwaltungsakt von einer anderen Finanzbehörde erlassen worden ist. Im Falle eines Zuständigkeitswechsels kann jedoch auch die bisherige Finanzbehörde das Verfahren fortführen, wenn dies der einfachen und zweckmäßigen Durchführung des Verfahrens dient, die Interessen der Beteiligten gewahrt sind und die nunmehr zuständige Finanzbehörde zustimmt (§ 26 Satz 2 AO).

D. Widerruf eines rechtmäßigen Verwaltungsakts (§ 131 AO)

Wie schon bei der Rücknahme ist auch beim Widerruf zwischen nicht begünstigenden und begünstigenden Verwaltungsakten zu unterscheiden.

I. Widerruf nicht begünstigender rechtmäßiger Verwaltungsakte (§ 131 Abs. 1 AO)

Nach dieser Norm „darf" (§ 5 AO) ein rechtmäßiger nicht begünstigter Verwaltungsakt, auch nachdem er unanfechtbar geworden ist, ganz oder

---

[45] AEAO zu § 130 Nr. 4, Beispiel b.

teilweise mit Wirkung für die Zukunft widerrufen werden. Dies gilt jedoch nicht, wenn ein Verwaltungsakt gleichen Inhalts erneut erlassen werden müsste oder aus anderen Gründen ein Widerruf unzulässig ist.

II. Widerruf begünstigender rechtmäßiger Verwaltungsakte (§ 131 Abs. 2 AO)

Nach § 131 Abs. 2 AO „darf" (§ 5 AO) ein rechtmäßiger begünstigender Verwaltungsakt, auch nachdem er unanfechtbar geworden ist, ganz oder teilweise mit Wirkung für die Zukunft nur widerrufen werden, wenn

- der Widerruf durch Rechtsvorschrift zugelassen oder im Verwaltungsakt vorbehalten ist (Nr. 1),
- mit dem Verwaltungsakt eine Auflage verbunden ist und der Begünstigte diese nicht oder nicht innerhalb einer ihm gesetzten Frist erfüllt hat (Nr. 2),
- die Finanzbehörde aufgrund nachträglich eingetretener Tatsachen berechtigt wäre, den Verwaltungsakt nicht zu erlassen, und wenn ohne den Widerruf das öffentliche Interesse gefährdet würde (Nr. 3).

1. Zulässigkeit oder Vorbehalt eines Widerrufs (§ 131 Abs. 2 Nr. 1 AO)

Der Widerruf kann entweder kraft Gesetzes für zulässig erklärt worden sein (beispielsweise Bewilligung von Erleichterungen bei Buchführungs- und Aufzeichnungspflichten (§ 148 Satz 3 AO)).

Oder der Widerrufsvorbehalt kann als Nebenbestimmung im Verwaltungsakt angeordnet worden sein (§ 120 Abs. 2 Nr. 3 AO).

2. Auflage (§ 131 Abs. 2 Nr. 2 AO)

Hierbei handelt es sich um eine Bestimmung, durch die dem Begünstigten ein Tun, Dulden oder Unterlassen vorgeschrieben wird (§ 120 Abs. 2 Nr. 4 AO).

3. Nachträglich eingetretene Tatsachen (§ 131 Abs. 2 Nr. 3 AO)

a) Tatsachen

§ 131 Abs. 2 Nr. 3 AO betrifft nur die Änderung tatsächlicher, nicht rechtlicher Verhältnisse. Der Begriff „Tatsache" bezeichnet in dieser Vorschrift dasselbe wie in § 173 AO, also alles, was Merkmal oder Teilstück eines steuergesetzlichen Tatbestands sein kann.[46] „Tatsache" ist auch die steuerrechtliche Beurteilung eines Sachverhalts in einem anderen Bescheid, soweit dieser Bescheid Bindungswirkung für den zu widerrufenden Bescheid hat.[47]

b) Öffentliches Interesse

Das öffentliche Interesse im Sinn der Vorschrift ist immer dann gefährdet, wenn bei einem Festhalten an der getroffenen Entscheidung der Betroffene gegenüber anderen Steuerpflichtigen bevorzugt würde.[48]

4. Jahresfrist

Auch für den Widerruf eines rechtmäßigen begünstigenden Verwaltungsakts gilt die Jahresfrist (Ausschlussfrist), welche mit Kenntniserlangung der Finanzbehörde beginnt (§§ 131 Abs. 2, 130 Abs. 3 AO). Kenntniserlangung ist dann zu bejahen, wenn die Finanzbehörde ohne weitere Sachverhaltsaufklärung objektiv in der Lage ist, unter sachgerechter Ausübung ihres Ermessens über die Rücknahme zu entscheiden.

---

[46] AEAO zu § 173 Nr. 1.

[47] AEAO zu § 131 Nr. 2; BFH-Urteil vom 09.12.2008, VII R 43/07, BStBl. 2009 II S. 344 – Leitsatz 3: Eine „nachträglich eingetretene Tatsache" i. S. des § 131 Abs. 2 Satz 1 Nr. 3 AO kann auch die steuerrechtliche Beurteilung eines Sachverhalts in einem anderen Bescheid sein, der Bindungswirkung für den zu widerrufenden Bescheid hat.

[48] AEAO zu § 131 Nr. 2.

III. Zeitpunkt des Unwirksamwerdens des Verwaltungsakts

Der widerrufene Verwaltungsakt wird mit dem Wirksamwerden des Widerrufs unwirksam, falls die Finanzbehörde keinen späteren Zeitpunkt bestimmt (§ 131 Abs. 3 AO).

IV. Zuständige Behörde

Über den Widerruf entscheidet nach Unanfechtbarkeit des Verwaltungsakts die nach den Vorschriften über die örtliche Zuständigkeit zuständige Finanzbehörde; dies gilt auch dann, wenn der zu widerrufende Verwaltungsakt von einer anderen Finanzbehörde erlassen worden ist (§ 131 Abs. 4 AO).

V. Abgrenzung: Ergänzung eines Verwaltungsakts

1. Rechtmäßiger begünstigender Verwaltungsakt

Ein solcher darf jederzeit um einen weiteren rechtmäßigen Verwaltungsakt ergänzt werden.[49]

Beispiele
- Verlängerung oder Erhöhung einer Stundung (§ 222 AO),
- weitere Fristverlängerung (§ 109 AO),
- Gewährung ergänzender Buchführungserleichterungen (§ 148 AO),
- Erhöhung des zu erlassenden (§ 227 AO) Steuerbetrags.

2. Rechtmäßiger nicht begünstigender Verwaltungsakt

Dementsprechend bedarf es nicht des Widerrufs, wenn zu einem nicht begünstigenden rechtmäßigen Verwaltungsakt lediglich ein weiterer rechtmäßiger Verwaltungsakt hinzutritt.

---

[49] AEAO zu § 131 Nr. 4.

Beispiel 1 Wegen einer Steuerschuld von 2.500 € sind beim Steuerpflichtigen Wertpapiere im Wert von 1.500 € gepfändet worden (§§ 281 ff AO). Es wird eine weitere Pfändung über 1.000 € verfügt.[50]

Beispiel 2 Die Prüfungsanordnung (§ 196 AO) für eine Außenprüfung (§§ 193 ff. AO) umfasst den Prüfungszeitraum 2012 bis 2014. Die Prüfungsanordnung wird auf den Besteuerungszeitraum 2015 ausgedehnt.[51]

Beispiel 3 Zur Klärung eines steuerlich bedeutsamen Sachverhalts wird das Kreditinstitut X. um Auskunft über die Kontenstände des Steuerpflichtigen gebeten (§§ 93 ff. AO). Im Zuge der Ermittlungen wird auch die Angabe aller baren Einzahlungen über 5.000 € verlangt.[52]

---

[50] AEAO zu § 131 Nr. 5 a.
[51] AEAO zu § 131 Nr. 5 b.
[52] AEAO zu § 131 Nr. 5 c.

Teil 4
Aufhebung oder Änderung von Steuerbescheiden (§§ 172 bis 177 AO)

A. Geltungsbereich

Die §§ 172 bis 177 AO gelten für die Aufhebung und Änderung von Steuerbescheiden oder diesen gleichgestellten Verwaltungsakten, wenn diese materiell bestandskräftig sind. Sie gelten nicht für sonstige Verwaltungsakte – die §§ 172 ff. und §§ 130, 131 AO schließen einander aus, (§ 172 Abs. 1 Nr. 2 lit. d Halbsatz 2 AO).

B. Begriffsbestimmung

I. Aufhebung und Änderung

1. Aufhebung

Der Steuerbescheid wird ersatzlos beseitigt.

Fall Gegen A. ergeht ein Einkommensteuerbescheid. A. geht hiergegen vor, weil er in Deutschland nicht steuerpflichtig ist.

Lösung Der Steuerbescheid wird aufgehoben, weil keine Steuerpflicht in Deutschland besteht.

2. Änderung

Bei der Änderung bleibt der geänderte (erste) Bescheid formell bestehen und wird lediglich durch den (zweiten) Änderungsbescheid in der materiell-rechtlichen Regelung abgeändert. Wird der Änderungsbescheid dann beispielsweise aufgrund eines Einspruchs (§§ 347 ff. AO) wieder aufgehoben, dann lebt der Erstbescheid wieder auf.

Fall Es ergeht ein Einkommensteuerbescheid über 5.000 € Steuernachzahlung. Die Nachzahlung wird später durch Änderungsbescheid auf 6.000 € erhöht. Hiergegen legt der Steuerpflichtige erfolgreich Einspruch ein, der Änderungsbescheid wird aufgehoben.

Lösung Durch die Aufhebung des Änderungsbescheids fällt nicht die komplette Zahllast weg, vielmehr lebt der ursprüngliche Bescheid über 5.000 € wieder auf.

II. Formelle und materielle Bestandskraft

Es ist zwischen materieller und formeller Bestandskraft zu unterscheiden.

1. Materielle Bestandskraft

Der Bescheid ist materiell bestandskräftig, wenn er weder unter Nachprüfungsvorbehalt (§ 164 AO) steht noch mit einem Vorläufigkeitsvermerk (§ 165 AO) versehen ist.

Bescheid unter Nachprüfungsvorbehalt	uneingeschränkt änderbar	§ 164 AO
Bescheid vorläufig	änderbar, soweit die Vorläufigkeit reicht	§ 165 AO
Falls kein Fall von § 164 und/oder § 165 AO: Bescheid (insoweit) materiell bestandskräftig		

2. Formelle Bestandskraft

Diese tritt mit Unanfechtbarkeit des Verwaltungsakts ein, wenn also kein förmlicher Rechtsbehelf (Einspruch (§ 347 AO), Klage (§§ 37 ff. FGO)) mehr möglich ist.

C. Kleinbetragsverordnung (KBV)

Bei der Änderung sind die Vorschriften der KBV (§ 156 Abs. 1 AO) zu beachten.[53]

I. Änderung oder Berichtigung von Steuerfestsetzungen (§ 1 KBV)

1. Änderungen oder Berichtigungen

Folgende Festsetzungen werden nach § 1 Abs. 1 Satz 1 KBV nur geändert oder berichtigt, wenn die Abweichung von der bisherigen Festsetzung bei einer Änderung oder Berichtigung zugunsten des Steuerpflichtigen mindestens 10 Euro oder bei einer Änderung oder Berichtigung zuungunsten des Steuerpflichtigen mindestens 25 Euro beträgt:

– Einkommensteuer (Nr. 1)
– Körperschaftsteuer (Nr. 2)

Hierbei ist jeweils die nach Anrechnung von Steuerabzugsbeträgen verbleibende Steuerschuld zu vergleichen (§ 1 Abs. 1 Satz 2 KBV).

Des Weiteren nennt § 1 Abs. 1 Satz 1 KBV die:

– Erbschaft- und Schenkungsteuer (Nr. 3)
– Grunderwerbsteuer (Nr. 4)
– Rennwett- und Lotteriesteuer (Nr. 5)

---

[53] AEAO vor §§ 172 bis 177, Nr. 7.

2. Abweichende Festsetzungen, Änderungen oder Berichtigungen

Folgende Steuern werden nach § 1 Abs. 2 Satz 1 KBV von der Finanzbehörde nur abweichend festgesetzt, geändert oder berichtigt, wenn die Abweichung von der angemeldeten Steuer im Fall einer Abweichung zugunsten des Steuerpflichtigen mindestens 10 Euro oder im Fall einer Abweichung zuungunsten des Steuerpflichtigen mindestens 25 Euro beträgt:

- eine angemeldete Umsatzsteuervorauszahlung,
- eine für das Kalenderjahr angemeldete Umsatzsteuer.
- eine angemeldete Feuerschutzsteuer.

Dasselbe gilt nach § 1 Abs. 2 Satz 1 KBV, wenn diese Steuern durch Steuerbescheid festgesetzt worden sind.

Dies gilt entsprechend, wenn die Lohnsteuer durch Steuerbescheid festgesetzt oder eine durch Lohnsteuer-Anmeldung bewirkte Festsetzung unanfechtbar geworden ist (§ 1 Abs. 3 KBV).

II. Änderung oder Berichtigung der Festsetzung eines Gewerbesteuermessbetrages (§ 2 KBV)

Die Festsetzung eines Gewerbesteuermessbetrages wird nur geändert oder berichtigt, wenn die Abweichung von der bisherigen Festsetzung bei einer Änderung oder Berichtigung zugunsten des Steuerpflichtigen mindestens 2 Euro und bei einer Änderung oder Berichtigung zuungunsten des Steuerpflichtigen mindestens 5 Euro beträgt (§ 2 KBV).

III. Änderung oder Berichtigung der gesonderten Feststellung von Einkünften (§ 3 KBV)

Bei gesonderten und einheitlichen Feststellungen von Einkünften wird die Feststellung zur Höhe der Einkünfte nur geändert oder berichtigt, wenn sich diese Einkünfte bei mindestens einem Beteiligten um mindestens 25 Euro ermäßigen oder erhöhen (§ 3 Abs. 1 KBV).

Bei gesonderten Feststellungen wird in den Fällen des § 180 Abs. 1 Satz 1 Nr. 2 lit. b AO die Feststellung zur Höhe der Einkünfte nur geändert oder berichtigt, wenn sich diese Einkünfte um mindestens 25 Euro ermäßigen oder erhöhen (§ 3 Abs. 1 KBV).

IV. Rückforderung von Wohnbauprämien (§ 4 KBV)

Wohnungsbauprämien gem. § 4 KBV werden nur zurückgefordert, wenn die Rückforderung mindestens 25 Euro beträgt.

V. Kraftfahrzeugsteuer bei Beendigung der Steuerpflicht (§ 5 KBV)

Bei Beendigung der Kraftfahrzeugsteuerpflicht wird nach § 5 Satz 1 KBV die Steuer für den Entrichtungszeitraum, in den das Ende der Steuerpflicht fällt, auf null Euro festgesetzt, wenn der neu festzusetzende Betrag weniger als 5 Euro betragen würde. Dies gilt nach § 5 Satz 2 KBV nicht, wenn gleichzeitig für dasselbe Fahrzeug und denselben Steuerschuldner die Steuer in geänderter Höhe neu festgesetzt wird.

D. Aufhebung und Änderung von Steuerbescheiden (§ 172 AO)

In § 172 AO sind verschiedene Alternativen der Aufhebung und Änderung von materiell bestandskräftigen Steuerbescheiden normiert.

Bescheid materiell bestands- kräftig	Verbrauch- steuern	immer änderbar		§ 172 Abs. 1 Nr. 1 AO
	Besitz- und Verkehrssteu- ern	änderbar, soweit Steuerpflichtiger zu- stimmt oder seinem Antrag der Sache nach entsprochen wird		§ 172 Abs. 1 Nr. 2 lit. a AO
		änderbar, so- weit Bescheid	von sachlich unzu- ständiger Behörde er- lassen	§ 172 Abs. 1 Nr. 2 lit. b AO
			durch unlautere Mittel erwirkt	§ 172 Abs. 1 Nr. 2 lit. c AO
		änderbar, soweit sonst gesetzlich zu- gelassen		§ 172 Abs. 1 Nr. 2 lit. d AO

I. Verbrauchsteuern (§ 172 Abs. 1 Nr. 1 AO)

Verbrauchsteuern sind beispielsweise Tabaksteuer oder Mineralölsteuer.

II. Besitz- und Verkehrssteuern (§ 172 Abs. 1 Nr. 2 AO)

1. Besitzsteuern

Sie knüpfen an Einkommen, Ertrag oder das Vermögen an: Einkommen-, Körperschaft-, Gewerbe-, Grund-, Erbschaft-, Schenkung- und die frühere Vermögensteuer.

2. Verkehrssteuern

Sie knüpfen an bestimmte wirtschaftliche oder rechtliche Tätigkeiten an: Umsatz-, Grunderwerbsteuer.

III. Antrag auf schlichte Änderung (§ 172 Abs. 1 Nr. 2a AO)

Nach § 172 Abs. 1 Nr. 2a AO ist ein materiell bestandskräftiger Bescheid über Besitz- oder Verkehrssteuern änderbar, soweit der Steuerpflichtige zustimmt oder seinem Antrag der Sache nach entsprochen wird.

Dies gilt jedoch zugunsten des Steuerpflichtigen nur, soweit er vor Ablauf der Einspruchsfrist zugestimmt oder den Antrag gestellt hat oder die Finanzbehörde einem Einspruch oder einer Klage abhilft.

1. Zustimmung oder Antrag

a) Zustimmung

Einverständnis des Betroffenen mit einer vom Finanzamt beabsichtigten Aufhebung oder Änderung. Dieses Einverständnis ist nicht an eine bestimmte Frist gebunden.

b) Antrag

aa) Formlos

Der Antrag auf schlichte Änderung bedarf keiner Form, kann also beispielsweise auch telefonisch erfolgen. Dies unterscheidet ihn vom Einspruch, der schriftlich oder elektronisch eingelegt werden muss (§ 357 Abs. 1 AO).

bb) Begründungserfordernis

Der Antrag muss allerdings – anders als der Einspruch (§ 357 Abs. 3 AO) – genau begründet werden. Es sind konkrete Angaben zum Umfang der Änderungen erforderlich.

Fall Der Steuerpflichtige beantragt eine Herabsetzung der Steuer auf Null.

Lösung Es liegt kein den Erfordernissen des § 172 Abs. 1 Nr. 2 lit. a AO entsprechender Antrag vor, da es nicht ausreicht, wenn der Steuerpflichtige lediglich die betragsmäßige Auswirkung oder den Änderungsrahmen beziffert.[54]

cc) Schlichte Änderung oder Einspruch?

Fall 1 Der Steuerpflichtige beantragt vor Ablauf der Einspruchsfrist schriftlich, die auf 8.000 € festgesetzte Einkommensteuer wegen weiterer Werbungskosten aus Vermietung und Verpachtung auf 6.000 € zu ändern. Das Finanzamt will dem nachkommen.

Lösung Nicht ausdrücklich als Einspruch bezeichnete, vor Ablauf der Einspruchsfrist schriftlich oder elektronisch vorgetragene Änderungsbegehren des Steuerpflichtigen können vom Finanzamt regelmäßig als schlichte Änderungsanträge behandelt werden, wenn der Antragsteller eine genau bestimmte Änderung des Steuerbescheids beantragt und das Finanzamt dem Begehren entsprechen will.[55]

Fall 2 Wie Fall 1, nur will das Finanzamt dem Begehren des Steuerpflichtigen nicht nachkommen.

Lösung Seitens des Finanzamts ist ein Einspruch anzunehmen, da der Einspruch die Rechte des Steuerpflichtigen umfassender und wirkungsvoller wahrt als der bloße Änderungsantrag.[56]

Fall 3 Wie Fall 1, nur hat der Steuerpflichtige sein Begehren mit „Einspruch" tituliert.

Lösung Hat der Steuerpflichtige sich für den Rechtsbehelf des Einspruchs entschieden, so überlagert der förmliche Rechtsbehelf einen etwaigen daneben gestellten Antrag auf schlichte Änderung des Steuerbescheids.[57]

---

[54] AEAO zu 172 Nr. 2.
[55] AEAO zu 172 Nr. 2.
[56] AEAO zu 172 Nr. 2.
[57] AEAO zu 172 Nr. 2.

2. Änderung zuungunsten des Steuerpflichtigen

Diese ist mit Zustimmung oder auf Antrag des Steuerpflichtigen jederzeit zulässig.

3. Änderung zugunsten des Steuerpflichtigen

a) Fristen

Die Änderung zugunsten des Steuerpflichtigen ist nur innerhalb bestimmter Fristen möglich.

aa) Innerhalb der Einspruchsfrist

Nach § 172 Abs. 1 Nr. 2 lit. a Halbsatz 2 AO müssen Zustimmung oder Antrag vor Ablauf der Einspruchsfrist (ein Monat nach Bekanntgabe des Verwaltungsakts, § 355 AO) erfolgt sein.

Auch hier ist ein genauer Antrag unerlässlich. Denn das Finanzamt darf den Steuerbescheid aufgrund eines schlichten Änderungsantrags nur in dem Umfang zugunsten des Steuerpflichtigen ändern, in dem der Steuerpflichtige vor Ablauf der Einspruchsfrist eine genau bestimmte Änderung bezogen auf einen konkreten Lebenssachverhalt beantragt hat.

Fall 1 Der Steuerpflichtige hat innerhalb der Einspruchsfrist einen zulässigen Änderungsantrag wegen bisher nicht berücksichtigter Werbungskosten i. H. v. 1.000 € gestellt. Nach Ablauf der Einspruchsfrist erweitert er den Antrag um weitere 500 €.

Lösung Eine Erweiterung des Änderungsbegehrens ist nach Ablauf der Einspruchsfrist nicht mehr möglich, es werden deshalb nur die 1.000 € berücksichtigt werden.[58]

Fall 2 Der Steuerpflichtige reicht nach Ablauf der Einspruchsfrist Argumente zur Begründung seines rechtzeitig gestellten Antrags nach.

Lösung Der Antragsteller kann auch nach Ablauf der Einspruchsfrist Argumente oder Nachweise zur Begründung eines rechtzeitig gestellten, hinreichend konkreten Änderungsantrags nachreichen oder er-

---

[58] AEAO zu 172 Nr. 2.

gänzen, soweit hierdurch der durch den ursprünglichen Änderungsantrag (Lebenssachverhalt) festgelegte Änderungsrahmen nicht überschritten wird.[59]

bb) Innerhalb der Klagefrist

Fall 1 Der Steuerpflichtige stellt am 15.3. Antrag auf schlichte Änderung des Einkommensteuerbescheides 2017. Dieser ist jedoch bereits am 10.3. durch Einspruchsentscheidung bestätigt worden.

Lösung Nach § 172 Abs. 1 Satz 3 Halbsatz 1 AO ist eine schlichte Änderung auch dann möglich, wenn der zu ändernde Bescheid bereits durch Einspruchsentscheidung bestätigt oder geändert worden ist.

Fall 1 Abwandlung Der Steuerpflichtige stellt den Änderungsantrag erst am 14.5.

Lösung Der Änderungsantrag muss vor Ablauf der Klagefrist gestellt worden sein,[60] nach Ablauf dieser Frist ist er unzulässig.

Fall 2 Da der Steuerpflichtige im Einspruchserfahren die vom Finanzamt geforderten Unterlagen nicht beibringt, hat ihm dieses eine Ausschlussfrist gesetzt. Der Steuerpflichtige lässt die Frist jedoch verstreichen und stellt ein paar Tage später Antrag auf schlichte Änderung.

Lösung Die Wirkungen einer nach § 364b Abs. 2 AO gesetzten Ausschlussfrist dürfen durch eine schlichte Änderung nicht unterlaufen werden (§ 172 Abs. 1 Satz 3 Halbsatz 2 AO).[61]

b) Umfang von Prüfung und Änderung

Bei der Wahl zwischen Antrag auf schlichte Änderung und Einspruch ist immer auch an die möglichen Folgen für den gesamten Steuerbescheid zu denken.

Fall 1 Im Steuerbescheid wurden Fortbildungskosten i. H. v. 500 € nicht berücksichtigt. Diesbezüglich hat der Steuerpflichtige Antrag auf

---

59 AEAO zu 172 Nr. 2.
60 BFH-Urteil vom 11.10.2017, IX R 2/17 – NV: Leitsatz 1: Ein nach Erlass einer Einspruchsentscheidung, aber innerhalb der Klagefrist gestellter Antrag auf schlichte Änderung der Steuerfestsetzung nach § 172 Abs. 1 Satz 1 Nr. 2 Buchst. a AO ist zulässig.
61 AEAO zu § 172 Nr. 6.

schlichte Änderung gestellt. Zugleich wurden jedoch Fahrtkosten von 700 € anerkannt, obwohl das Fahrtenbuch nicht korrekt geführt war.

Lösung Das Finanzamt ist an den Antrag gebunden, es kann also im Rahmen des § 172 Abs. 1 Nr. 2a AO das Fahrtenbuch nicht berücksichtigen.

Fall 2 Wie Fall 1, nur hat der Steuerpflichtige statt des Antrags Einspruch eingelegt.

Lösung Durch den Einspruch wird eine vollumfängliche Prüfung des gesamten Steuerfalls erreicht (§ 367 Abs. 2 Satz 1 AO). Hier ist ggf. auch eine Verböserung möglich (§ 367 Abs. 2 Satz 2 AO).

c) Ermessen

„Ein Steuerbescheid „darf" ... nur aufgehoben oder geändert werden", somit liegen Aufhebung und Änderung im pflichtgemäßen Ermessen (§ 5 AO) des Finanzamts.[62]

Fehlerfreie Ermessensausübung liegt in der Regel vor, wenn bei einer Änderung zuungunsten des Steuerpflichtigen das Finanzamt nach den Grundsätzen der Gesetzmäßigkeit der Verwaltung dem Antrag entspricht.

Bei einer Änderung zugunsten des Steuerpflichtigen liegt sie vor, wenn dem – rechtmäßigen – Antrag des Steuerpflichtigen entsprochen wird.

d) Aussetzung der Vollziehung?

Fall Der Steuerpflichtige hat Änderungsantrag gestellt, durch den sich seine zu zahlende Steuer von 8.000 € auf 6.000 € reduzieren würde. Die Bearbeitung des Antrags durch das Finanzamt zieht sich hin, das auf dem Bescheid vermerkte Fälligkeitsdatum tritt ein.

---

[62] BFH-Urteil vom 11.10.2017, IX R 2/17 – NV: Leitsätze: 2. Die Änderung nach § 172 Abs. 1 Satz 1 Nr. 2 Buchst. a AO steht im Ermessen der Finanzbehörde. 3. Liegen die materiell-rechtlichen Voraussetzungen für eine Änderung der Steuerfestsetzung vor, reduziert sich das Ermessen der Finanzbehörde hinsichtlich der Änderung auf Null. 4. Bei Verpflichtungsklagen auf Erlass eines gebundenen Verwaltungsakts kommt es auf die im Zeitpunkt der Entscheidung in der Tatsacheninstanz bestehende Sach- und Rechtslage an. Dies gilt auch bei Ermessensentscheidungen, wenn eine Ermessensreduzierung auf Null vorliegt.

Lösung Durch den Antrag auf schlichte Änderung wird die Vollziehung des Steuerbescheids nicht gehemmt, sodass der Steuerpflichtige trotz der zu erwartenden Änderung des Bescheids erst einmal den vollen Betrag zahlen müsste. Er kann jedoch ggf. Stundung i. H. v. 2.000 € beantragen.

Ein Antrag auf Aussetzung der Vollziehung ist nicht zulässig, da dieser nur im Einspruchs- (§ 361 AO) und Klageverfahren (§ 6a FGO) möglich ist. Der Steuerpflichtige kann jedoch ggf. Antrag auf Stundung (§ 222 AO) stellen.[63]

e) Rechtsbehelf

Fall Dem Änderungsantrag des Steuerpflichtigen hinsichtlich der Fortbildungskosten wurde nicht im vollen Umfang entsprochen. Außerdem entdeckt er noch, dass das Finanzamt zu wenig Verpflegungsmehraufwendungen angesetzt hat. Die Einspruchsfrist für den ursprünglichen Bescheid ist abgelaufen.

Lösung Gegen die ganze oder teilweise Ablehnung des Antrags auf schlichte Änderung ist der Einspruch (§ 347 AO) gegeben. Der Steuerpflichtige kann hier jedoch nur die Durchsetzung seines Antrags (Fortbildungskosten) erreichen, nicht das erneute Aufrollen seines gesamten Steuerfalls (Verpflegungsmehraufwendungen).

IV. Weitere Änderungsmöglichkeiten nach § 172 Abs. 1 Nr. 2 AO

1. Von sachlich unzuständiger Behörde erlassen (§ 172 Abs. 1 Nr. 2b AO)

Gemeint ist die sachliche Zuständigkeit nach § 16 AO in Verbindung mit dem Gesetz über die Finanzverwaltung (FVG).

---

[63] AEAO zu § 172 Nr. 2.

2. Durch unlautere Mittel erwirkt (§ 172 Abs. 1 Nr. 2c AO)

Unlautere Mittel sind insbesondere

- arglistige Täuschung[64]
- Bedrohung
- Bestechung.

3. Änderbar, soweit gesetzlich zugelassen (§ 172 Abs. 1 Nr. 2d AO)

Beispiele hierfür sind:[65]

Nachprüfungsvorbehalt	§ 164 AO
Vorläufige Festsetzung	§ 165 AO
Aufhebung und Änderung von Steuerbescheiden	§ 172 AO
Aufhebung oder Änderung von Steuerbescheiden wegen neuer Tatsachen oder Beweismittel	§ 173 AO
Schreib- oder Rechenfehler bei Erstellung einer Steuererklärung	§ 173a AO
Widerstreitende Steuerfestsetzungen	§ 174 AO
Änderung von Steuerbescheiden aufgrund von Grundlagenbescheiden und bei rückwirkenden Ereignissen	§ 175 AO
Umsetzung von Verständigungsvereinbarungen	§ 175a AO
Änderungen von Steuerbescheiden bei Datenübermittlung durch Dritte	§ 175b AO
Verlustabzug	§ 10d EStG
Änderung des Gewerbesteuermessbescheids von Amts wegen	§ 35b GewStG
Aufhebung des Einheitswertes und Änderung von Feststellungsbescheiden	§§ 24, 24a BewG
Aufhebung des Steuermessbetrags und Änderung von Steuermessbescheiden	§§ 20, 21 GrStG

---

[64] BFH-Beschluss vom 28.03.2018, I R 10/17 – NV – Leitsatz: Arglistige Täuschung i.S. des § 172 Abs. 1 Satz 1 Nr. 2 Buchst. c AO ist die bewusste und vorsätzliche Irreführung, durch die die Willensbildung der Behörde unzulässig beeinflusst wird. Dazu gehört auch das pflichtwidrige Verschweigen entscheidungserheblicher Tatsachen. AEAO zu § 172 Nr. 4: Für Arglist reicht bereits das Bewusstsein aus, wahrheitswidrige Angaben zu machen. Nicht erforderlich ist dagegen die Absicht, damit das Finanzamt zu einer Entscheidung zu veranlassen (vgl. BFH-Urteil vom 08.07.2015, VI R 51/14, BStBl II 2017 S. 13).

[65] AEAO vor §§ 172 bis 177 Nr. 3.

Hierbei ist unbedingt zu beachten, dass die §§ 130 und 131 AO kraft Gesetzes nicht gelten (§ 172 Abs. 1 Satz 1 Nr. 2d AO).

V. Weitere Geltungsbereiche von § 172 Abs. 1 AO

§ 172 Abs. 1 AO gilt auch für einen Verwaltungsakt, durch den ein Antrag auf Erlass, Aufhebung oder Änderung eines Steuerbescheids ganz oder teilweise abgelehnt wird (§ 172 Abs. 2 AO).

E. Aufhebung oder Änderung von Steuerbescheiden wegen neuer Tatsachen oder Beweismittel (§ 173 AO)

Neue Tatsachen und Beweismittel können die Aufhebung oder Änderung von Steuerbescheiden zur Folge haben.

Neue Tatsachen oder Beweismittel	führen zu höherer Steuer		Aufhebung oder Änderung des Steuerbescheids, soweit die Tatsachen oder Beweismittel reichen.	zuungunsten des Steuerpflichtigen	§ 173 Abs. 1 Nr. 1 AO
	führen zu niedrigerer Steuer	kein grobes Verschulden		zugunsten des Steuerpflichtigen	§ 173 Abs. 1 Nr. 2 AO
		Verschulden nach Abs. 1 Nr. 2 Satz 2 unbeachtlich			
	Ausnahme: Steuerbescheide, soweit sie aufgrund einer Außenprüfung ergangen sind, können nur nach Abs. 1 aufgehoben oder geändert werden, wenn eine Steuerhinterziehung oder leichtfertige Steuerverkürzung vorliegt				§ 173 Abs. 2 AO

I. Begriffsbestimmung

1. Tatsachen oder Beweismittel

a) Tatsache

Tatsache i. S. d. § 173 AO ist alles, was Merkmal oder Teilstück eines steuergesetzlichen Tatbestands sein kann, also

- Zustände, Vorgänge, Beziehungen und Eigenschaften materieller oder immaterieller Art.[66]
- Zu den Tatsachen gehören auch innere Tatsachen (z. B. die Absicht, Einkünfte bzw. Gewinne zu erzielen), die nur anhand äußerer Merkmale (Hilfstatsachen) festgestellt werden können.[67]

Keine Tatsachen i. S. d. § 173 AO sind

- Rechtsnormen und Schlussfolgerungen aller Art, insbesondere steuerrechtliche Bewertungen[68]

---

[66] AEAO zu § 173 Nr. 1.1. und 6.2; BFH-Urteil vom 01.10.1993, III R 58/92, BStBl. 1994 II S. 346 – Leitsatz: Wird nachträglich bekannt, dass der Steuerpflichtige nicht erklärte Einkünfte aus Gewerbebetrieb erzielt hat, so stellt die Höhe dieser Einkünfte die steuerlich relevante Tatsache dar, die zu einer Änderung nach § 173 Abs. 1 Nr. 1 oder 2 AO 1977 führt, je nachdem, ob sich die Steuer dadurch gegenüber der bisher festgesetzten Steuer erhöht oder ermäßigt (Anschluss an BFH-Urteil vom 24.04.1991 XI R 28/89, BFHE 164, 192, BStBl. II 1991, 606).

[67] AEAO zu § 173 Nr. 1.1; BFH-Urteil vom 06.12.1994, IX R 11/91, BStBl. 1995 II S. 192 – Leitsatz 1. Ergänzend hierzu Leitsatz 2: Eine nach dem Zeitpunkt der Steuerfestsetzung entstandene Hilfstatsache, die für diesen Zeitpunkt zu einer veränderten Würdigung in Bezug auf eine innere Tatsache führt, rechtfertigt jedoch nur dann eine Berichtigung nach § 173 Abs. 1 Satz 1 Nr. 1 AO 1977, wenn sie einen sicheren Schluss auf die (innere) Haupttatsache ermöglicht.

[68] AEAO zu § 173 Nr. 1.1.2. BFH-Urteil vom 27.10.1992, VIII R 41/89, BStBl. 1993 II S. 569 – Leitsatz 2: Ergebnismitteilungen des Körperschaftsteuer-Finanzamts an das für die Veranlagung der Anteilseigner zuständige Veranlagungs-Finanzamt über eine bei einer GmbH durchgeführte Außenprüfung geben rechtliche Schlussfolgerungen und Schätzungsergebnisse wieder, stellen für sich jedoch keine Tatsachen dar, die zu einer Änderung nach § 173 Abs. 1 Nr. 1 AO 1977 berechtigen.

- Entscheidungen des BVerfG zur Verfassungswidrigkeit einer Rechts-norm[69]
- nachträgliche Gesetzesänderungen
- die (ggf. anderweitige) Ausübung steuerlicher Wahlrechte[70]
- die Nachholung eines Antrags.[71]

b) Beweismittel

Beweismittel ist jedes Erkenntnismittel, das zur Aufklärung eines steuer-lich erheblichen Sachverhalts dient, d. h. geeignet ist, das Vorliegen oder Nichtvorliegen von Tatsachen zu beweisen. Dazu gehören:

- Urkunden (Verträge, Geschäftspapiere u. a.) (§ 92 Nr. 3 AO)
- Auskünfte von Auskunftspersonen (vgl. § 92 Nr. 1 AO).
- Sachverständigengutachten (§ 92 Nr. 2 AO), soweit sie die – über bloße Schlussfolgerungen hinausgehende – Erkenntnis neuer Tatsa-chen vermitteln.[72]

2. Nachträgliches Bekanntwerden

a) Bereits vorhanden

Eine Änderung nach § 173 Abs. 1 AO setzt voraus, dass die Tatsachen bei Erlass des zu ändernden Bescheids bereits vorhanden waren und vom Finanzamt hätten berücksichtigt werden können.[73]

Fall 1 Der Steuerpflichtige reicht einen Spendenbeleg ein, der ihm vom Zuwendungsempfänger vor Abgabe der Steuererklärung zuge-sandt wurde.

---

[69] AEAO zu § 173 Nr. 1.1.2. BFH-Urteil vom 12.05.2009, IX R 45/08, BStBl. II S. 891 – Leitsatz 2: Die Feststellung der Verfassungswidrigkeit eines Steuergesetzes durch das BVerfG ist keine Tatsache i. S. von § 173 AO.

[70] AEAO vor §§ 172 bis 177 Nr. 8.

[71] AEAO zu § 173 Nr. 1.1.2. Ein Antrag kann allerdings nachgeholt werden, so-weit die für seine Ausübung relevanten Tatsachen als solche nachträglich be-kannt werden (vgl. AEAO zu § 173 Nr. 3.2).

[72] AEAO zu § 173 Nr. 1.2; BFH-Urteil vom 27.10.1992, VIII R 41/89, BStB. I 1993 II S. 569 – Leitsatz 3: Ein Sachverständigengutachten ist i. S. des § 173 Abs. 1 Nr. 1 AO 1977 insoweit Beweismittel, als es die Erkenntnis neuer Tat-sachen vermittelt und nicht lediglich Schlussfolgerungen enthält.

[73] AEAO zu § 173 Nr. 1.3.

Lösung Der Spendenbeleg war bei Erlass des Bescheids bereits vorhanden. Eine Änderung nach § 173 Abs. 1 AO ist somit möglich.

Fall 2 Wie Fall 1, nur hat der Zuwendungsempfänger den Spendenbeleg erst nach Erlass des Steuerbescheids ausgestellt.

Lösung Der Spendenbeleg war bei Erlass des Steuerbescheids noch nicht vorhanden, da er noch nicht existent war. Eine Änderung nach § 173 Abs. 1 AO ist somit nicht möglich.

b) Willensbildung über die Steuerfestsetzung abgeschlossen

Tatsachen oder Beweismittel werden nachträglich bekannt, wenn sie einem für die Steuerfestsetzung zuständigen Bediensteten bekannt werden,[74] nachdem die Willensbildung über die Steuerfestsetzung abgeschlossen worden ist (Abzeichnung der Verfügung)[75]. Auf den Tag der Absendung des Steuerbescheids oder den Tag der Bekanntgabe kommt es nicht an. Der im Einzelfall maßgebliche Tag ist dem Steuerpflichtigen auf Verlangen mitzuteilen.[76]

c) Kenntnisstand des Zuständigen

Fall Die für den ausschließlich freiberuflich tätigen Steuerpflichtigen zuständige Finanzbeamtin B hat die Steuerfestsetzung am 28.7. abgeschlossen. Bereits am 20.7. erlangte die Arbeitnehmerveranlagungsstelle des Finanzamtes Kenntnis von einem bisher nicht berücksichtigen Geschäftsvorfall. B erfuhr hiervon erst am 18.10.

Lösung Eine Tatsache ist nicht schon dann bekannt, wenn irgendeine Stelle des Finanzamts von ihr Kenntnis hat. Es kommt vielmehr

---

[74] AEAO zu § 173 Nr. 2.1.
[75] AEAO zu § 173 Nr. 2.1.; BFH-Urteil vom 18.03.1987, II R 226/84, BStBl. II S. 416 – Leitsatz: Tatsachen, die der Finanzbehörde erst nach abschließender Zeichnung des Eingabewertbogens bekanntwerden, sind i. S. von § 173 Abs. 1 AO 1977 nachträglich bekanntgeworden.
[76] AEAO zu § 173 Nr. 2.1.

auf den Kenntnisstand der Personen an, die innerhalb des Finanzamts den betreffenden Steuerfall zu bearbeiten haben.[77]

aa) Rechtsbehelfsstelle

Fall Dem den Rechtsbehelf des Steuerpflichtigen bearbeitenden Finanzbeamten fällt auf, dass Aufzeichnungen des Steuerpflichtigen zu dessen Einnahmen lückenhaft sind und eventuell mehr Einnahmen vorliegen können. Da er den Fall noch vor seinem Urlaub abschließen möchte, hakt er nicht weiter nach und erlässt eine Einspruchsentscheidung. Zwei Monate danach erhält er tatsächlich die fehlenden Ausgangsrechnungen und erlässt daraufhin aufgrund der Mehreinnahmen einen Änderungsbescheid nach § 173 Abs. 1 Nr. 1 AO.

Lösung Die Rechtsbehelfsstelle des Finanzamts muss bei der Entscheidung über den Einspruch eines Steuerpflichtigen grundsätzlich alle Tatsachen verwerten, die der Veranlagungsstelle bekannt sind. Geschieht dies nicht, weil erforderlich gewesene Rückfragen unterblieben sind, so können diese in der Einspruchsentscheidung nicht berücksichtigten Tatsachen nach Abschluss des Einspruchsverfahrens nicht mehr Gegenstand eines Änderungsbescheids nach § 173 Abs. 1 Nr. 1 AO sein.[78]

bb) Betriebsprüfer

Fall Der Betriebsprüfer hat bei der Prüfung des Gewerbebetriebs des Steuerpflichtigen Belege für Mehreinnahmen gefunden. Dies wurde jedoch nicht im BP-Abschlussbericht vermerkt.

---

[77] AEAO zu § 173 Nr. 2.3; BFH-Urteil vom 20.06.1985, IV R 114/82, BStBl. II S. 492 – Leitsatz: Bei Beurteilung der Frage, ob bestandskräftige Steuerbescheide wegen nachträglichen Bekanntwerdens von Tatsachen nach § 173 Abs. 1 Nr. 1 AO 1977 geändert werden dürfen, kommt es grundsätzlich auf den Kenntnisstand der Personen an, die innerhalb der Finanzbehörde dazu berufen sind, den betreffenden Steuerfall zu bearbeiten.

[78] AEAO zu § 173 Nr. 2.3.1.; BFH-Urteil vom 23.03.1983, I R 182/82, BStBl. II S. 548 – Leitsatz.

Lösung Nur dem Betriebsprüfer bekannt gewordene Tatsachen sind der Veranlagungsstelle grundsätzlich nicht zuzurechnen.[79]

cc) Wechsel von Zuständigkeit oder Bearbeiter

Fall Während der laufenden Einkommensteuerveranlagung 2017 wurde der Fall des Steuerpflichtigen einem neuen Sachbearbeiter zugeteilt. Dieser hat die Akten nur „überflogen" und dabei eine Notiz seines Vorgängers über eine veranlagungsrelevante Tatsache übersehen.

Lösung Einmal bekannt gewordene Tatsachen werden durch den Wechsel in der Zuständigkeit der Finanzbehörde oder durch Wechsel des Bearbeiters nicht wieder unbekannt, wenn der zunächst zuständige Bearbeiter die Tatsachen aktenkundig gemacht hat.[80]

dd) Altakten

Fall In den Archiv-Akten für den Veranlagungszeitraum 2010 befindet sich ein Vermerk, der die Minderung des Kaufpreises für den Erwerb einer gewerblichen Immobilie dokumentiert. Die Immobilie wurde in 2017 vom Steuerpflichtigen wieder veräußert. Der mit der Veranlagung 2017 befasste Finanzbeamte wirft keinen Blick in die Alt-Akten, obwohl den Steuerunterlagen 2017 die Kostenrechnung einer Anwaltskanzlei an den Steuerpflichtigen über die Vertretung in einem Rechtsstreit mit dem damaligen Immobilienverkäufer für die Jahre 2010 bis 2016 beiliegt.

Lösung Dem Finanzamt können auch Tatsachen bekannt sein, die sich aus älteren, bereits archivierten Akten ergeben. Voraussetzung dafür ist jedoch, dass zur Hinzuziehung solcher Vorgänge nach den

---

[79] AEAO zu § 173 Nr. 2.3.2.; BFH-Urteil vom 20.04.1988, X R 40/81, BStBl. II S. 804 – Leitsatz 1: Für die Änderungsbefugnis nach § 222 Abs. 1 Nr. 1 AO (§ 173 Abs. 1 Nr. 1 AO 1977) kommt es grundsätzlich auf den Wissensstand der zur Bearbeitung des Steuerfalls berufenen Personen an (Anschluss an bisherige BFH-Rechtsprechung).
[80] AEAO zu § 173 Nr. 2.3.4.

Umständen des Falles, insbesondere nach dem Inhalt der zu bearbeitenden Steuererklärungen oder der präsenten Akten, eine besondere Veranlassung bestand.[81]

3. Rechtserheblichkeit von Tatsache oder Beweismittel

Neue Tatsachen oder Beweismittel können die Änderung eines Steuerbescheids nach § 173 Abs. 1 AO nur rechtfertigen, wenn sie rechtserheblich sind. Die Rechtserheblichkeit ist zu bejahen, wenn das Finanzamt bei rechtzeitiger Kenntnis der Tatsachen oder Beweismittel schon bei der ursprünglichen Veranlagung mit an Sicherheit grenzender Wahrscheinlichkeit zu einer höheren oder niedrigeren Steuer gelangt wäre.

Fall Dem Sachbearbeiter des Finanzamts wurde nachträglich ein Fahrtenbuch des Steuerpflichtigen vorgelegt. Er hätte dies jedoch auch schon beim ursprünglichen Bescheiderlass nicht anerkannt, da er die diesbezüglichen Verwaltungsanweisungen für zu lasch hält.

Lösung Bei der Beurteilung der Rechtserheblichkeit kommt es nicht darauf an, welche Entscheidung der zuständige Bearbeiter subjektiv bei Erlass des ursprünglichen Bescheids getroffen hätte. Wie das Finanzamt bei Kenntnis bestimmter Tatsachen oder Beweismittel einen Sachverhalt in seinem ursprünglichen Bescheid gewürdigt hätte, ist vielmehr im Einzelfall aufgrund des Gesetzes, wie es nach der dama-

---

[81] AEAO zu § 173 Nr. 2.3.5; BFH-Urteil vom 11.02.1998, I R 82/97, BStBl. II S. 552 – Leitsatz 1.

ligen Rechtsprechung des BFH auszulegen war, und der die Finanzämter bindenden Verwaltungsanweisungen zu beurteilen, die im Zeitpunkt des ursprünglichen Bescheiderlasses gegolten haben.[82]

II. Änderungen zuungunsten des Steuerpflichtigen (§ 173 Abs. 1 Nr. 1 AO)

Nach § 173 Abs. 1 Nr. 1 AO sind Steuerbescheide aufzuheben oder zu
ändern, soweit Tatsachen oder Beweismittel nachträglich bekannt werden, die zu einer höheren Steuer führen.

1. Was passiert, wenn das Finanzamt seine Ermittlungspflicht verletzt hat?

Nach dem Grundsatz von Treu und Glauben kann das Finanzamt – auch
wenn es von einer rechtserheblichen Tatsache oder einem rechtserheblichen Beweismittel nachträglich Kenntnis erhält – daran gehindert sein,
einen Steuerbescheid nach § 173 Abs. 1 Nr. 1 AO zuungunsten des Steuerpflichtigen zu ändern.

---

[82] AEAO zu § 173 Nr. 3.1.; BFH-Urteil vom 11.05.1988, I R 216/85,
BStBl. II S. 715 – Leitsatz 1: Ist streitig, ob ein Steuerbescheid gem. § 173
Abs. 1 Nr. 2 AO 1977 zu ändern ist, muss das Finanzgericht im Rahmen seiner
tatsächlichen Feststellungen (§§ 76, 118 II FGO) ermitteln, welche das Finanzamt bindenden Verwaltungsanweisungen im Zeitpunkt des ursprünglichen Bescheiderlasses durch das Finanzamt zu der materiellen Streitfrage bestanden;
BFH-Urteil vom 15.01.1991, IX R 238/87, BStBl. II S. 741 – Leitsätze: 1. Ist bei
der Entscheidung, ob ein Steuerbescheid aufgehoben werden darf, darüber zu
befinden, ob das Finanzamt bei ursprünglicher Kenntnis der Tatsache oder
Beweismittel nicht anders entschieden hätte, darf bei der Beurteilung auch
dann nicht auf neuere BFH-Entscheidungen oder Verwaltungsanweisungen
zulasten des Steuerpflichtigen zurückgegriffen werden, wenn frühere Rechtsprechung oder Verwaltungsübung nicht festzustellen sind. 2. Das Finanzamt
ist darlegungs- und nachweispflichtig hinsichtlich der Tatsachen, aus denen
sich ergibt, welche Verwaltungsübung im Zeitpunkt der ursprünglichen Steuerfestsetzung bestanden hat.

Fall Der Steuerpflichtige hat sämtliche Anfragen des Finanzamts zu seiner Steuererklärung ordnungsgemäß beantwortet. Zu seinen Renteneinkünften wurde er jedoch nicht befragt. Nach Rechtskrafteintritt kommt heraus, dass er seine Renteneinkünfte unwissentlich falsch zugeordnet hatte, was zu einer verminderten Steuer führte.

Lösung Hat der Steuerpflichtige die ihm obliegenden Mitwirkungspflichten in zumutbarer Weise erfüllt, kommt eine Änderung nach § 173 Abs. 1 Nr. 1 AO zuungunsten des Steuerpflichtigen nicht in Betracht, wenn die spätere Kenntnis der Tatsache oder des Beweismittels auf einer Verletzung der dem Finanzamt obliegenden Ermittlungspflicht beruht.[83] Das Finanzamt braucht den Steuererklärungen nicht mit Misstrauen zu begegnen, sondern darf regelmäßig von deren Richtigkeit und Vollständigkeit ausgehen; veranlagt es aber trotz bekannter Zweifel an der Richtigkeit der Besteuerungsgrundlagen endgültig, so ist eine spätere Änderung der Steuerfestsetzung nach dem Grundsatz von Treu und Glauben ausgeschlossen.[84]

2. Was passiert, wenn neben der Pflichtverletzung des Finanzamts auch der Steuerpflichtige seine Mitwirkungspflicht verletzt hat?

Fall Der Sachbearbeiter hat Belege vom Steuerpflichtigen zu Betriebsausgaben angefordert, die dieser jedoch nicht vollumfänglich eingereicht hat. Der Sachbearbeiter hat, weil er den Fall vom Tisch bringen wollte, nicht mehr weiter nachgehakt. Nach Rechtskrafteintritt stellt

---

[83] BFH-Urteil vom 29.11.2017, II R 52/15 – Leitsätze: 1. Verzichtet das Finanzamt gegenüber dem Steuerpflichtigen ausdrücklich auf die Abgabe einer förmlichen Feststellungserklärung und fordert ihn stattdessen zu bestimmten Angaben auf, verletzt es seine Ermittlungspflicht, wenn die geforderten Angaben für die Ermittlung des für die Grundbesitzbewertung maßgebenden Sachverhalts nicht ausreichen und es keine weiteren Fragen stellt. 2. Erfüllt der Steuerpflichtige in einem solchen Fall seinerseits seine Mitwirkungspflichten, indem er die vom Finanzamt gestellten Fragen zutreffend und vollständig beantwortet, ist das Finanzamt nach Treu und Glauben an einer Änderung nach § 173 Abs. 1 Nr. 1 AO gehindert, wenn es später Kenntnis von steuererhöhenden Tatsachen erlangt.

[84] AEAO zu § 173 Nr. 4.1.

sich heraus, dass die Belege nicht ordnungsgemäß ausgestellt wurden, was zu einer Minderung der Betriebsausgaben führen würde.

Lösung Sind sowohl das Finanzamt seiner Ermittlungspflicht als auch der Steuerpflichtige seiner Mitwirkungspflicht nicht in vollem Umfang nachgekommen, so fällt das nachträgliche Bekanntwerden einer rechtserheblichen Tatsache oder eines rechtserheblichen Beweismittels i. d. R. in den Verantwortungsbereich des Steuerpflichtigen mit der Folge, dass eine Änderung des Steuerbescheids nach § 173 Abs. 1 Nr. 1 AO zulässig ist.[85] Eine entsprechende Änderung scheidet lediglich dann aus, wenn der Verstoß des Finanzamts deutlich überwiegt.[86]

3. Beweislast

Ändert das Finanzamt einen bestandskräftigen Steuerbescheid nach § 173 Abs. 1 Nr. 1 AO, trägt der Steuerpflichtige die objektive Beweislast, wenn er eine Verletzung der Ermittlungspflichten durch das Finanzamt rügt.[87]

---

[85] AEAO zu § 173 Nr. 4.1.1.; BFH-Urteil vom 11.11.1987, I R 108/85, BStBl. 1988 II S. 115 – Leitsätze: 1. Macht ein Steuerpflichtiger in seiner Einkommensteuererklärung oder den dieser beigefügten Unterlagen keine Angaben über die Veräußerung seines Unternehmens, so liegt darin eine erhebliche Verletzung seiner Erklärungspflicht. 2. Wird das Veräußerungsgeschäft nachträglich bekannt, steht Treu und Glauben wegen der Schwere der Erklärungspflichtverletzung der Änderung des Steuerbescheids auch dann nicht entgegen, wenn das Finanzamt den Veräußerungsvorgang vor dem Erlass des geänderten Bescheids hätte ermitteln können.

[86] AEAO zu § 173 Nr. 4.1.1.; BFH-Urteil vom 20.12.1988, VIII R 121/83, BStBl. 1989 II S. 585 – Leitsatz 2: Haben sowohl der Steuerpflichtige als auch das Finanzamt es versäumt, den für den Erlass eines Steuerbescheids maßgebenden Sachverhalt aufzuklären, so stehen die Grundsätze von Treu und Glauben nur dann dem Erlass eines Änderungsbescheids entgegen, wenn der Pflichtverstoß des Finanzamts deutlich überwiegt.

[87] AEAO zu § 173 Nr. 4.1.2; zur Beweislast von Finanzamt und Steuerpflichtigem: BFH-Urteil vom 19.05.1998, I R 140/97, BStBl. II S. 599 – Leitsatz: Ändert das Finanzamt einen bestandskräftigen Steuerbescheid gemäß § 173 Abs. 1 Nr. 1 AO 1977, so trägt es grundsätzlich die objektive Beweislast (Feststellungslast) dafür, dass die für die Änderung des Bescheides erforderlichen tatsächlichen Voraussetzungen vorliegen, insbesondere dafür, dass diese "neu" sind. Die Beweislast trifft jedoch den Steuerpflichtigen, wenn dieser die Verletzung der Ermittlungspflichten durch das Finanzamt rügt.

III. Änderungen zugunsten des Steuerpflichtigen (§ 173 Abs. 1 Nr. 2 AO)

Nach § 173 Abs. 1 Nr. 2 Satz 1 AO sind Steuerbescheide aufzuheben oder zu ändern, soweit Tatsachen oder Beweismittel nachträglich bekannt werden, die zu einer niedrigeren Steuer führen, und den Steuerpflichtigen kein grobes Verschulden daran trifft, dass die Tatsachen oder Beweismittel erst nachträglich bekannt werden.

Das Verschulden ist jedoch gemäß § 173 Abs. 1 Nr. 2 Satz 2 AO unbeachtlich, wenn die Tatsachen oder Beweismittel in einem unmittelbaren oder mittelbaren Zusammenhang mit Tatsachen oder Beweismitteln i. S. d. § 173 Abs. 1. Nr. 1 AO stehen.

1. Grobes Verschulden des Steuerpflichtigen

Die Aufhebung oder Änderung eines Steuerbescheids zugunsten des Steuerpflichtigen ist grundsätzlich ausgeschlossen, wenn diesen ein grobes Verschulden daran trifft, dass die Tatsachen oder Beweismittel dem Finanzamt erst nachträglich bekannt geworden sind.[88]

a) Vorsatz und grobe Fahrlässigkeit

Als grobes Verschulden hat der Steuerpflichtige Vorsatz und grobe Fahrlässigkeit zu vertreten. Grobe Fahrlässigkeit ist anzunehmen, wenn er die ihm nach seinen persönlichen Verhältnissen zumutbare Sorgfalt in ungewöhnlichem Maße und in nicht entschuldbarer Weise verletzt.[89]

---

[88] AEAO zu § 173 Nr. 5.1.

[89] AEAO zu § 173 Nr. 5.1.; BFH-Urteil vom 03.02.1983, IV R 153/80, BStBl. II S. 324 – Leitsatz 4: Den Steuerpflichtigen trifft ein grobes Verschulden am nachträglichen Bekanntwerden von Tatsachen oder Beweismitteln, wenn er bei der Abgabe der Steuererklärung die ihm zuzumutende Sorgfalt in ungewöhnlichem Maße und in nicht entschuldbarer Weise verletzt; BFH-Urteil vom 18.05.1988, X R 57/82, BStBl. II S. 713 – Leitsatz: Hat ein Steuerpflichtiger wegen eines Irrtums seiner Buchhalterin in der Umsatzsteuererklärung die Bruttoumsätze als Bemessungsgrundlage erklärt, so liegt darin noch nicht ohne weiteres ein grobes Verschulden.

b) Beweislast

Die Finanzbehörde hat Anhaltspunkte, die auf ein grobes Verschulden des Steuerpflichtigen hindeuten, darzulegen und ggf. zu beweisen; sie trägt insoweit die Feststellungslast.

Kann nach ständiger Rechtsprechung bei dem zu beurteilenden Sachverhalt von einem groben Verschulden ausgegangen werden, trägt der Steuerpflichtige die Feststellungslast für atypische Umstände, aufgrund derer im Einzelfall gleichwohl ein grobes Verschulden zu verneinen ist.[90]

c) Einzelfallentscheidung

Bei der Beurteilung der Schwere der Verletzung dieser Sorgfaltspflicht sind die Gegebenheiten des Einzelfalls und die individuellen Kenntnisse und Fähigkeiten des einzelnen Steuerpflichtigen zu berücksichtigen.

Den Vorwurf groben Verschuldens begründen beispielsweise nicht allein:

– die Unkenntnis steuerrechtlicher Bestimmungen[91]

– offensichtliche Versehen und alltägliche Irrtümer, die sich nie ganz vermeiden lassen, wie z. B. Verwechslungen, Schreib-, Rechen- oder Übertragungsfehler.

Grobes Verschulden kann aber vorliegen, wenn das Versehen auf einer vorangegangenen Verletzung steuerlicher Pflichten beruht.[92]

---

[90] AEAO zu § 173 Nr. 5.1.

[91] AEAO zu § 173 Nr. 5.1.1.; BFH-Urteil vom 10.08.1988, IX R 219/84, BStBl. 1989 II S. 131 – Leitsatz: Unterlässt es der Steuerpflichtige in der Einkommensteuererklärung rechtsirrig, vorab entstandene Werbungskosten bei den Einkünften aus Vermietung und Verpachtung geltend zu machen, so liegt allein in diesem Rechtsirrtum regelmäßig kein grobes Verschulden, das die Änderung des dementsprechend ergangenen bestandskräftigen Einkommensteuerbescheids wegen nachträglich bekanntgewordener Tatsachen ausschließt; BFH-Urteil vom 22.05.1992, VI R 17/91, BStBl. 1993 II S. 80 – Leitsatz: Einen als Kfz-Mechanikermeister und Kfz-Sachverständiger tätigen Steuerpflichtigen tritt regelmäßig kein grobes Verschulden i. S. von § 173 Abs. 1 Nr. 2 AO 1977, wenn er es infolge mangelnder Steuerrechtskenntnisse unterlässt, anteilige Kosten seiner Wohnung als Aufwendungen für ein häusliches Arbeitszimmer geltend zu machen.

[92] AEAO zu § 173 Nr. 5.1.1.

Ein grobes Verschulden kann im Allgemeinen angenommen werden, wenn der Steuerpflichtige:

- trotz Aufforderung keine Steuererklärung abgegeben hat[93]
- allgemeine Grundsätze der Buchführung (§§ 145 bis 147 AO) verletzt hat
- ausdrückliche Hinweise in ihm zugegangenen Vordrucken, Merkblättern oder sonstigen Mitteilungen des Finanzamts nicht beachtet hat[94]
- eine im Steuererklärungsformular ausdrücklich gestellte, auf einen ganz bestimmten Vorgang bezogenen Frage nicht beachtet hat.[95]

2. Mitverschulden des Finanzamts

Das grobe Verschulden des Steuerpflichtigen am nachträglichen Bekanntwerden steuermindernder Tatsachen oder Beweismittel wird nicht dadurch ausgeschlossen, dass das Finanzamt seinerseits seinen Fürsorge- oder Ermittlungspflichten nicht hinreichend nachgekommen ist.[96]

Im Einzelfall kann jedoch ein grobes Verschulden des Steuerpflichtigen zu verneinen sein, wenn die Verletzung der Ermittlungs- und Fürsorgepflichten ursächlich für die verspätete Geltendmachung der steuermindernden Tatsachen oder Beweismittel war, z. B. bei irreführender Auskunftserteilung.[97]

---

[93] AEAO zu § 173 Nr. 5.1.2.; Ständige Rechtsprechung, vgl. z. B. BFH-Urteil vom 16.09.2004, IV R 62/02, BStBl. 2005 II S. 75 – Leitsatz: Der Steuerpflichtige handelt in aller Regel grob schuldhaft i. S. des § 173 Abs. 1 Nr. 2 AO 1977, wenn er die Frist zur Abgabe der Steuererklärungen versäumt und den Erlass eines Schätzungsbescheids veranlasst. Dieses Verschulden wirkt bis zur Bestandskraft des Schätzungsbescheids fort und wird nicht etwa durch ein späteres leichtes Verschulden des Steuerpflichtigen bei der Anfechtung dieses Bescheids verdrängt.

[94] AEAO zu § 173 Nr. 5.1.2.

[95] AEAO zu § 173 Nr. 5.1.3.; BFH-Urteil vom 29.06.1984, VI R 181/80, BStBl. II S. 693 – Leitsatz.

[96] AEAO zu § 173 Nr. 5.1.4.; BFH-Urteil vom 09.08.1991, III R 24/87, BStBl. 1992 II S. 65 – Leitsatz: Ein Steuerpflichtiger handelt regelmäßig grob schuldhaft i. S. des § 173 Abs. 1 Nr. 2 AO 1977, wenn er eine im Steuererklärungsformular ausdrücklich gestellte Frage nicht beantwortet. Daran vermag auch eine etwaige Verletzung der Aufklärungs- oder Fürsorgepflicht durch das Finanzamt nichts zu ändern.

[97] AEAO zu § 173 Nr. 5.1.4.

3. Verschulden des Ehegatten/eingetragenen Lebenspartners

Fall Während ein Ehegatte/eingetragener Lebenspartner die steuerlichen Pflichten sehr ernst nimmt, handelt der andere extrem sorglos. Die Ehegatten/eingetragenen Lebenspartner werden zusammen veranlagt (§ 26b EStG).

Lösung Bei einer Zusammenveranlagung muss sich jeder Ehegatte/eingetragene Lebenspartner das grobe Verschulden des anderen Ehegatten/eingetragenen Lebenspartners zurechnen lassen.[98]

Hinweis Das zu Ehegatten Gesagte gilt jeweils auch für eingetragene Lebenspartner (§ 15 Abs. 1 Nr. 2, 6 AO).

4. Verschulden von Hilfspersonen

Fall Der Steuerpflichtige hat einen Buchhalter zur Unterstützung beauftragt. Dieser handelt grob fahrlässig.

Lösung Nimmt der Steuerpflichtige bei der Erfüllung seiner steuerlichen Pflichten die Hilfe eines Bevollmächtigten oder anderer Hilfspersonen in Anspruch, so muss er sich ein etwaiges grobes Verschulden dieser Personen wie ein eigenes Verschulden zurechnen lassen. Somit hat er das grobe Verschulden seines Buchhalters als eigenes Verschulden zu vertreten.[99] Möglicherweise besteht ein Regress im Innenverhältnis.

---

[98] AEAO zu § 173 Nr. 5.2.; BFH-Urteil vom 24.07.1996, I R 62/95, BStBl. 1997 II S. 115 – Leitsätze: 1. Der Ausdruck "Steuerpflichtiger" i. S. des § 173 Abs. 1 Nr. 2 AO 1977 bestimmt sich nach § 33 AO 1977. 2. Das Wesen der Zusammenveranlagung von Eheleuten besteht in der steuerlichen Behandlung als ein Steuerpflichtiger. Die damit korrespondierende Gesamtschuldnerschaft der Eheleute bedingt, dass sich jeder das grobe Verschulden des anderen als eigenes zurechnen lassen muss. 3. Kennt ein Steuerpflichtiger die steuerliche Bedeutung einer ihm von seinem Arbeitgeber ausgestellten Bescheinigung, so trifft ihn ein grobes Verschulden, wenn er nicht dafür Sorge trägt, dass die Bescheinigung dem Finanzamt zusammen mit der Steuererklärung vorgelegt wird.

[99] AEAO zu § 173 Nr. 5.3.

5. Verschulden des steuerlichen Beraters

Fall 1 Der Steuerpflichtige nimmt sich einen Steuerberater.

Lösung Der Steuerpflichtige hat ein grobes Verschulden seines steuerlichen Beraters in gleicher Weise zu vertreten wie das Verschulden eines Bevollmächtigten. Bei Festlegung der einem steuerlichen Berater zuzumutenden Sorgfalt ist zu berücksichtigen, dass von einem Angehörigen der steuerberatenden Berufe die Kenntnis und sachgemäße Anwendung der steuerrechtlichen Vorschriften erwartet wird.[100]

Fall 2 Der Steuerpflichtige unterschreibt die vom Steuerberater angefertigte Steuererklärung, ohne sie nochmals durchzulesen.

Der Steuerberater hat leicht fahrlässig Belege über Werbungskosten übersehen.

Lösung Ein eigenes grobes Verschulden des Steuerpflichtigen kann darin liegen, dass er die von seinem steuerlichen Berater gefertigte Steuererklärung unterschreibt, obwohl ihm bei Durchsicht der Steuererklärung hätte auffallen müssen, dass steuermindernde Tatsachen oder Beweismittel nicht berücksichtigt worden sind.[101]

Fall 3 Der sonst sehr zuverlässigen Mitarbeiterin des Steuerberaters unterläuft ein Fehler.

Lösung Der steuerliche Berater hat, wenn er Mitarbeiter zur Vorbereitung des Jahresabschlusses und der Steuererklärung einsetzt, Sorgfaltspflichten hinsichtlich der Auswahl seiner Mitarbeiter, der Organisation der Arbeiten in seinem Büro und der Kontrolle der Arbeitsergebnisse der Mitarbeiter.[102] Wenn er diesen Pflichten nachkommt, liegt kein Organisationsverschulden des Beraters vor, sodass auch der Steuerpflichtige exkulpiert ist.

---

[100] AEAO zu § 173 Nr. 5.4.; BFH-Urteil vom 03.02.1983, IV R 153/80, BStBl. II S. 324 – Leitsätze: 3 bis 5.

[101] AEAO zu § 173 Nr. 5.4.; BFH-Urteil vom 28.06.1983, VIII R 37/81, BStBl. 1984 II S. 2 – Leitsätze. Der VIII. Senat schließt sich in seinem Urteil der Rechtsauffassung des IV. Senats im Urteil vom 03.02.1983 an.

[102] AEAO zu § 173 Nr. 5.4.; BFH-Urteil vom 26.08.1987, I R 144/86, BStBl. 1988 II S. 109 – Leitsatz 3.

6. Unbeachtlichkeit des Verschuldens des Steuerpflichtigen (§ 173 Abs. 1 Nr. 2 Satz 2 AO)

Das Verschulden ist unbeachtlich, wenn die Tatsachen oder Beweismittel, die zu einer niedrigeren Steuer führen, in einem unmittelbaren oder mittelbaren Zusammenhang mit neuen Tatsachen oder Beweismitteln stehen, die zu einer höheren Steuer führen.

Stehen die steuermindernden Tatsachen mit steuererhöhenden Tatsachen im Zusammenhang, sind die steuermindernden Tatsachen nicht nur bis zur steuerlichen Auswirkung der steuererhöhenden Tatsachen, sondern uneingeschränkt zu berücksichtigen.

Fall Der Steuerpflichtige erwirbt Waren, die er nicht als Betriebsausgaben erfasst (steuerliche Auswirkung 2.000 €). Später veräußert er diese und erfasst auch die daraus erzielten Einnahmen nicht (Steuerliche Auswirkung 1.500 €).

Lösung Die steuermindernden Tatsachen stehen mit den steuererhöhenden im Zusammenhang, da die zu einer höheren Besteuerung führende Tatsache die zur Steuerermäßigung führende Tatsache ursächlich bedingt, sodass der steuererhöhende Vorgang nicht ohne den steuermindernden Vorgang denkbar ist.[103] Die Betriebsausgaben sind somit in voller Höhe zu berücksichtigen (2.000 €), und nicht etwa nur in Höhe der Einnahmen (1.500 €).

---

[103] AEAO zu § 173 Nr. 6.1.; BFH-Urteil vom 28.03.1985, IV R 159/82, BStBl. 1986 II S. 120 – Leitsatz 2: Ein unmittelbarer oder mittelbarer Zusammenhang zwischen Tatsachen, die zu einer höheren, und Tatsachen, die zu einer niedrigeren Steuer führen, liegt dann vor, wenn der steuererhöhende Vorgang nicht ohne den steuermindernden Vorgang denkbar ist; BFH-Urteil vom 08.08.1991, V R 106/88, BStBl. 1992 II S. 12 – Leitsatz: Werden nachträglich steuerpflichtige Umsätze und Vorsteuerbeträge bekannt und trifft den Unternehmer ein grobes Verschulden an dem nachträglichen Bekanntwerden, können die Vorsteuerbeträge gemäß § 173 Abs. 1 Nr. 2 Satz 2 AO 1977 nur abgezogen werden, soweit die Lieferungen und sonstigen Leistungen, auf denen die Vorsteuerbeträge beruhen, zur Ausführung der nachträglich bekanntgewordenen Umsätze verwendet worden sind.

IV. Änderungssperre (§ 173 Abs. 2 AO)

Nach § 173 Abs. 2 AO können abweichend von § 173 Abs. 1 AO Steuerbescheide, soweit sie aufgrund einer Außenprüfung ergangen sind, nur aufgehoben oder geändert werden, wenn eine Steuerhinterziehung oder leichtfertige Steuerverkürzung vorliegt.

Das gilt auch in den Fällen, in denen eine Mitteilung nach § 202 Abs. 1 Satz 3 AO ergangen ist.

1. Erhöhte Bestandskraft nach Außenprüfung

Steuerbescheide, die aufgrund einer Außenprüfung (§§ 193 ff. AO) ergangen sind, können wegen neuer Tatsachen oder Beweismittel nach § 173 Abs. 1 AO nur geändert werden, wenn eine Steuerhinterziehung (§ 370 AO) oder leichtfertige Steuerverkürzung (§ 378 AO) vorliegt (§ 173 Abs. 2 Satz 1 AO). Durch diese Regelung wird solchen Steuerbescheiden eine erhöhte Bestandskraft zugemessen, weil durch die Außenprüfung die steuerlich erheblichen Sachverhalte ausgiebig hätten geprüft werden können. Die Änderungssperre wirkt auch dann, wenn nach einer Außenprüfung Tatsachen oder Beweismittel bekannt werden, die zu einer niedrigeren Steuer führen würden.[104] Sie bezieht sich nur auf Änderungen i. S. v. § 173 Abs. 1 AO, nicht aber auf Änderungen, die aufgrund anderer Vorschriften erfolgen.[105]

2. Umfang der Änderungssperre

Der Umfang der Änderungssperre richtet sich nach dem Inhalt der Prüfungsanordnung.[106]

---

[104] AEAO zu § 173 Nr. 8.1.; BFH-Urteil vom 29.01.1987, IV R 96/85, BStBl. II S. 410 – Leitsatz.

[105] AEAO zu § 173 Nr. 8.1.

[106] AEAO zu § 173 Nr. 8.2.; BFH-Urteil vom 12.10.1994, XI R 75/93, BStBl. 1995 II S. 289 – Leitsatz: Ob Steuerbescheide aufgrund einer Außenprüfung i. S. von § 173 Abs. 2 AO 1977 ergangen sind, ist nach dem Inhalt der Prüfungsanordnung zu beurteilen; ebenso BFH-Urteil vom 11.02.1998, I R 82/97, BStBl. II S. 552 – Leitsatz 3.

Fall 1 Der Steuerpflichtige wurde in den Jahren 1995 bis 2010 zur Einkommensteuer, Umsatzsteuer und Gewerbesteuer veranlagt. Es ergeht Prüfungsanordnung über die Einkommensteuer der Jahre 2013 bis 2015.

Lösung Im Fall der Beschränkung der Außenprüfung auf bestimmte Steuerarten, Besteuerungszeiträume oder Sachverhalte (§ 194 Abs. 1 Satz 2 AO) umfasst die Änderungssperre nur den in der Prüfungsanordnung genannten Teil der Besteuerungsgrundlagen.[107]

Fall 2 Wie Fall 1, nur prüft der Prüfer auch noch Sachverhalte, die die Umsatzsteuer 2016 betreffen.

Lösung Wenn das tatsächliche Prüfungsverhalten über die Prüfungsanordnung hinausgeht, wird hierdurch keine Änderungssperre nach § 173 Abs. 2 AO ausgelöst.[108]

Fall 3 Wie Fall 1, jedoch prüft der Prüfer tatsächlich ausschließlich die Einkommensteuer der Jahre 2014 und 2015.

Lösung Der Eintritt der Änderungssperre ist nicht davon abhängig, ob der Außenprüfer die betreffenden Vorgänge tatsächlich geprüft hat, ob er sie aus rechtlichen Erwägungen von sich aus nicht aufgegriffen hat oder ob er sie in Übereinstimmung mit der damaligen Verwaltungsauffassung unbeanstandet gelassen hat.[109]

3. Ergebnislose Außenprüfung (§ 173 Abs. 2 Satz 2 AO)

Die Änderungssperre gilt auch in den Fällen, in denen eine Mitteilung nach § 202 Abs. 1 Satz 3 AO über eine ergebnislose Prüfung ergangen ist.[110]

Fall 1 Im Prüfungsbericht steht der Vermerk, dass für die Einkommensteuer 2014 „keine Änderung" eintritt. Für das betreffende Jahr besteht jedoch ein Nachprüfungsvorbehalt.

---

[107] AEAO zu § 173 Nr. 8.2.1.
[108] AEAO zu § 173 Nr. 8.2.1.
[109] AEAO zu § 173 Nr. 8.2.2.
[110] AEAO zu § 173 Nr. 8.5.

Lösung Bezieht sich der Vermerk auf einen Besteuerungszeitraum, für den die Steuer unter Vorbehalt der Nachprüfung festgesetzt ist, tritt die Änderungssperre der Mitteilung nach § 202 Abs. 1 Satz 3 AO erst dann ein, wenn der Vorbehalt der Nachprüfung nach § 164 Abs. 3 Satz 3 AO durch förmlichen Bescheid aufgehoben wird.[111] Der steuerliche Berater hat also ggf. darauf hinzuwirken, dass der Vorbehalt aufgehoben wird.

Fall 2 Wie Fall 1, nur besteht kein Nachprüfungsvorbehalt. Besteht die Möglichkeit der Änderungen nach anderen Vorschriften?

Lösung Die Mitteilung „keine Änderung" ist kein Verwaltungsakt, der eine allgemeine Änderungssperre für die in der vorangegangenen Außenprüfung festgestellten Sachverhalte auslöst. Sie hindert unter den Voraussetzungen des § 173 Abs. 2 AO nur die Änderung eines Steuerbescheids nach § 173 Abs. 1 AO. Der Änderung des Bescheids aufgrund einer anderen Vorschrift steht sie nicht entgegen.[112]

4. Steuerhinterziehung oder leichtfertige Steuerverkürzung

Die Frage, ob die objektiven und subjektiven Tatbestandsmerkmale einer Steuerhinterziehung (§ 370 AO) oder leichtfertigen Steuerverkürzung (§ 378 AO) vorliegen und ob damit § 173 Abs. 2 AO einer Änderung nicht entgegensteht, ist von der für die Veranlagung zuständigen Stelle im Benehmen mit der für Straf- und Bußgeldsachen zuständigen Stelle zu entscheiden.[113]

Fall Nicht der Steuerpflichtige hat die Hinterziehung begangen, sondern sein Mitarbeiter.

Lösung Die Änderungssperre wird auch dann durchbrochen, wenn der Adressat des Steuerbescheids selbst nicht der Täter oder Teilnehmer der Steuerhinterziehung oder leichtfertigen Verkürzung ist.[114]

---

[111] AEAO zu § 173 Nr. 8.5.

[112] AEAO zu § 173 Nr. 8.5.; BFH-Urteil vom 29.04.1987, I R 118/83, BStBl. 1988 II S. 168 – Leitsätze.

[113] AEAO zu § 173 Nr. 8.6, AEAO zu § 169, Nr. 2.1 und 2.2.

[114] AEAO zu § 173 Nr. 8.6.; BFH-Urteil vom 14.12.1994, XI R 80/92, BStBl. 1995 II S. 293 – Leitsatz 2.

V. Umfang der Änderung

Eine Änderung nach § 173 AO ist nur insofern zulässig, als sich die neuen Tatsachen oder Beweismittel auswirken (punktuelle Änderung). Sonstige Fehler können, sofern keine andere Korrekturvorschrift greift, nur im Rahmen des § 177 AO berücksichtigt werden.[115]

VI. Änderung von Schätzveranlagungen

1. Zulasten des Steuerpflichtigen

Eine auf einer Schätzung beruhende Veranlagung kann nach § 173 Abs. 1 Nr. 1 AO durch eine höhere Schätzungsveranlagung ersetzt werden, wenn nachträglich Schätzungsunterlagen festgestellt werden, bei deren rechtzeitigem Bekanntsein das Finanzamt die Schätzung in anderer Weise vorgenommen hätte. Die Änderung der ursprünglichen Schätzungsveranlagung ist dabei nur im Ausmaß der nachträglich bekannt gewordenen Schätzungsunterlagen zulässig. Das bisherige Schätzungsverfahren ist möglichst fortzuführen bzw. zu verfeinern. Ein Wechsel der Schätzungsmethode kommt lediglich in Betracht, wenn die bisherige Methode versagt.[116]

Die Ersetzung einer Schätzungsveranlagung durch eine höhere Schätzungsveranlagung ist auch zulässig, wenn aufgrund einer nachträglichen Vermögenszuwachsrechnung ein gegenüber der ursprünglichen Schätzung wesentlich höherer Gewinn festgestellt wird.

Dies gilt auch für den Fall, dass es sich bei der ursprünglichen Schätzung um eine Schätzung nach Richtsätzen für einen nicht buchführenden, jedoch buchführungspflichtigen Landwirt handelt.

---

[115] AFAO zu § 173 Nr. 9.
[116] AEAO zu § 173 Nr. 7.1; BFH-Urteil vom 02.03.1982, VIII R 225/80, BStBl. 1984 II S. 504 – Leitsatz 4.

2. Zugunsten des Steuerpflichtigen

Nachträglich bekannt gewordene Tatsachen, die zu einer niedrigeren Steuer führen, liegen nach einer vorausgegangenen Gewinnschätzung dann vor, wenn sich aus der Gesamtwürdigung der neuen Tatsachen, also dem gemeinsamen Ergebnis von Betriebseinnahmen und Betriebsausgaben, eine niedrigere Steuer ergibt.[117] Eine Änderung nach § 173 Abs. 1 Nr. 2 AO ist in diesen Fällen demzufolge nur zulässig, wenn den Steuerpflichtigen am nachträglichen Bekanntwerden der Tatsachen kein grobes Verschulden trifft.[118]

3. Laufender Gewinn und Veräußerungsgewinn geschätzt

Hat das Finanzamt den laufenden Gewinn und den Veräußerungsgewinn (§ 16 EStG) geschätzt, so sind die nachträglich bekannt gewordenen tatsächlichen Gewinnbeträge (laufender Gewinn und Veräußerungsgewinn) je eine Tatsache i. S. d. § 173 Abs. 1 Nr. 1 und Nr. 2 AO.[119]

4. Umsatzsteuer geschätzt

Bei der Umsatzsteuer sind Tatsachen, die eine Erhöhung der Umsatzsteuer, und solche, die eine höhere Vorsteuer begründen, getrennt zu beurteilen. Ein Zusammenhang zwischen nachträglich bekannt gewordenen Umsätzen und nachträglich bekannt gewordenen Leistungen an den Unternehmer i. S. d. § 173 Abs. 1 Nr. 2 Satz 2 AO besteht nur insoweit, als die Eingangsleistungen zur Ausführung der nachträglich bekannt gewordenen Umsätze verwendet wurden.[120]

---

[117] AEAO zu § 173, Nr. 7.2; BFH-Urteil vom 28.03.1985, IV R 159/82, BStBl. 1986 II S. 120 – Leitsatz.

[118] AEAO zu § 173 Nr. 7.2.

[119] AEAO zu § 173 Nr. 7.3; BFH-Urteil vom 30.10.1986, III R 163/82, BStBl. 1987 II S. 161 – Leitsatz 2.

[120] BFH-Urteil vom 08.08.1991, V R 106/88, BStBl. 1992 II S. 12 – Leitsatz: Werden nachträglich steuerpflichtige Umsätze und Vorsteuerbeträge bekannt und trifft den Unternehmer ein grobes Verschulden an dem nachträglichen Bekanntwerden, können die Vorsteuerbeträge gemäß § 173 Abs. 1 Nr. 2 Satz 2 AO 1977 nur abgezogen werden, soweit die Lieferungen und sonstigen Leistungen, auf denen die Vorsteuerbeträge beruhen, zur Ausführung der nachträglich bekanntgewordenen Umsätze verwendet worden sind.

Dies gilt allerdings nur, soweit diese Umsätze zum Vorsteuerabzug berechtigen; soweit die nachträglich bekannt gewordenen Vorsteuerbeträge hingegen mit nachträglich bekannt gewordenen steuerfreien oder nichtsteuerbaren Umsätzen in Zusammenhang stehen, sind die Voraussetzungen des § 173 Abs. 1 Nr. 2 Satz 2 AO nicht erfüllt.

Hat das Finanzamt bei einer Schätzung der Umsatzsteuer davon abgesehen, die Steuer auf der Grundlage des Ansatzes einer Vielzahl einzelner Umsätze mit jeweils genau bezifferter Bemessungsgrundlage zu ermitteln, können die nachträglich bekannt gewordenen Vorsteuerbeträge im Schätzungsweg entsprechend dem Verhältnis der nachträglich erklärten und der ursprünglich vom Finanzamt geschätzten steuerpflichtigen Umsätze berücksichtigt werden, es sei denn, es liegen Anhaltspunkte dafür vor, dass weniger oder mehr Vorsteuerbeträge im Zusammenhang mit den nachträglich bekannt gewordenen Umsätzen stehen, als sich nach dieser Aufteilung ergibt.[121]

F. Schreib- oder Rechenfehler bei Erstellung einer Steuererklärung (§ 173a AO)

§ 173a AO ermöglicht eine Änderung der Steuerfestsetzung, soweit der Steuerpflichtige aufgrund eines (bei Erstellung der Steuererklärung aufgetretenen) Schreib- oder Rechenfehlers der Finanzbehörde bestimmte

---

[121] AEAO zu § 173 Nr. 6.3; BFH-Urteil vom 19.10.1995, V R 60/92, BStBl. 1996 II S. 149 – Leitsätze: 1. Die in der Umsatzsteuererklärung erklärten, im Schätzungsbescheid nicht erfassten Vorsteuerbeträge stehen mit den nachträglich bekanntgewordenen Umsätzen grundsätzlich nur insoweit im Zusammenhang i. S. des § 173 Abs. 1 Nr. 2 S. 2 AO 1977, als sie zur Ausführung dieser Umsätze verwendet wurden. Die Vorsteuerbeträge können im Schätzungswege im Verhältnis der geschätzten zu den erklärten Umsätzen aufgeteilt werden. 2. Umsätze, die – nach Steuerfestsetzung aufgrund einer Schätzung – in einer Umsatzsteuererklärung angegeben werden, sind regelmäßig nur insoweit nachträglich bekanntgewordene Tatsachen i. S. des § 173 Abs. 1 AO 1977, als sie die vom Finanzamt im Schätzungsbescheid bereits erfassten Umsätze übersteigen.

Tatsachen unzutreffend (d. h. fehlerhaft) mitgeteilt hat und diese Tatsachen nach den Verhältnissen zum Zeitpunkt des Erlasses des Steuerbescheids rechtserheblich waren.[122]

I. Zeitlicher Anwendungsbereich

§ 173a AO ist erstmals auf Verwaltungsakte anzuwenden, die nach dem 31. Dezember 2016 erlassen worden sind (Art. 97 § 9 Abs. 4 EGAO).

Für Altfälle vgl. die Ausführungen zu § 129 AO.

II. Schreib- und Rechenfehler

Schreibfehler sind insbesondere Rechtschreibfehler, Wortverwechselungen oder Wortauslassungen oder fehlerhafte Übertragungen.

Rechenfehler sind insbesondere Fehler bei der Addition, Subtraktion, Multiplikation oder Division sowie bei der Prozentrechnung.[123]

III. Durchschaubar, eindeutig oder augenfällig

Ein solcher Schreib- oder Rechenfehler muss durchschaubar, eindeutig oder augenfällig sein. Das ist dann der Fall, wenn der Fehler bei Offenlegung des Sachverhalts für jeden unvoreingenommenen Dritten klar und deutlich als Schreib- oder Rechenfehler erkennbar ist und kein Anhaltspunkt dafür erkennbar ist, dass eine unrichtige Tatsachenwürdigung, ein Rechtsirrtum oder ein Rechtsanwendungsfehler vorliegt.[124]

---

[122] AEAO zu § 173a Nr. 1.
[123] AEAO zu § 173a Nr. 1.
[124] AEAO zu § 173a Nr. 1.

IV. Kein schlichtes Vergessen

Das schlichte Vergessen eines Übertrags selbst ermittelter Besteuerungs-grundlagen in die Steuererklärung ist kein Schreib- oder Rechenfehler i. S. d. § 173a AO. In derartigen Fällen kann aber eine nachträglich be-kannt gewordene Tatsache i. S. d. § 173 Abs. 1 AO vorliegen.[125]

G. Widerstreitende Steuerfestsetzungen (§ 174 AO)

Die Vorschrift eröffnet die Möglichkeit, Vorteile und Nachteile auszuglei-chen, die sich durch Steuerfestsetzungen ergeben haben, die einander inhaltlich widersprechen.[126]

Sachverhalt wird rechts-widrig in mehreren Steuerbe-scheiden be-rücksichtigt **positiver Wi-derstreit**	zuungunsten ei-nes oder mehre-rer Steuerpflichti-ger	Antrag des Steuer-pflichtigen auf Auf-hebung oder Ände-rung	Aufhebung oder Änderung des/eines feh-lerhaften Be-scheids	§ 174 Abs. 1 AO
	zugunsten eines oder mehrerer Steuerpflichtiger	Berücksichtigung ist auf Antrag oder Er-klärung des Steuer-pflichtigen zurückzu-führen		§ 174 Abs. 2 AO
Sachverhalt wird rechts-widrig im Steuerbe-scheid, in den er ge-hört, nicht berücksich-tigt **negativer Widerstreit**	erkennbar in der unrichtigen An-nahme, dass er im anderen Steu-erbescheid zu be-rücksichtigen sei	Kollision von Anfang an	insoweit Nach-holung/Aufhe-bung/Änderung	§ 174 Abs. 3 AO
	aufgrund irriger Beurteilung er-gangener Steuer-bescheid wird auf-grund Antrags oder Rechtsbe-helfs des Steuer-pflichtigen zu sei-nen Gunsten kor-rigiert	Kollision nachträg-lich geschaffen	richtige steuer-liche Folgerun-gen werden durch Erlass oder Änderung eines Steuer-bescheids ge-zogen.	§ 174 Abs. 4 AO

125 AEAO zu § 173a Nr. 1.
126 AEAO zu § 174 Nr. 1.

Sachverhalt ist ein Lebensvorgang, an den das Gesetz steuerliche Folgen knüpft. Dieser kann geschäftlich (Einnahmen, Ausgaben, …) oder privat begründet sein (Schenkung von Eltern an Kinder, …).

I. § 174 Abs. 1 AO

Ist ein bestimmter Sachverhalt in mehreren Steuerbescheiden zuungunsten eines oder mehrerer Steuerpflichtiger berücksichtigt worden, obwohl er nur einmal hätte berücksichtigt werden dürfen, dann ist der fehlerhafte Steuerbescheid auf Antrag aufzuheben oder zu ändern.

1. Positiver Widerstreit zuungunsten des Steuerpflichtigen

Hierbei kann es sich um Fälle handeln, in denen z. B. dieselbe Einnahme irrtümlich verschiedenen Steuerpflichtigen, verschiedenen Steuern oder verschiedenen Besteuerungszeiträumen zugeordnet worden ist.

Auch die Fälle, in denen mehrere Finanzämter gegen denselben Steuerpflichtigen für dieselbe Steuer und denselben Besteuerungszeitraum Steuerbescheide erlassen haben, fallen hierunter.[127]

2. Auf Antrag

Der fehlerhafte Steuerbescheid ist in den Fällen des § 174 Abs. 1 AO nur auf Antrag aufzuheben oder zu ändern.

Fall Einkünfte aus Gewerbebetrieb sind fälschlich in den Einkommensteuerbescheiden 2016 und 2017 berücksichtigt worden, obwohl sie richtigerweise nur in den Bescheid 2016 gehört hätten. Der Steuerpflichtige beantragt die Änderung des Bescheids 2016.

Lösung Hat der Steuerpflichtige fälschlich nur einen Antrag auf Änderung des rechtmäßigen Steuerbescheids gestellt, ist der Antrag allgemein als Antrag auf Beseitigung der widerstreitenden Festsetzung zu behandeln.[128]

---

[127] AEAO zu § 174 Nr. 2.
[128] AEAO zu § 174 Nr. 2.

3. Frist

Ist die Festsetzungsfrist für diese Steuerfestsetzung bereits abgelaufen, so kann der Antrag noch bis zum Ablauf eines Jahres gestellt werden, nachdem der letzte der betroffenen Steuerbescheide unanfechtbar geworden ist (§ 174 Abs. 1 Satz 2 AO).

Wird der Antrag rechtzeitig gestellt, steht der Aufhebung oder Änderung des Steuerbescheids insoweit keine Frist entgegen (§ 174 Abs. 1 Satz 3 AO).

Fall 1 Der Steuerpflichtige stellt den Antrag unverschuldet erst nach Fristablauf.

Lösung Die Antragsfrist ist eine gesetzliche Frist. Es kann deshalb, wenn die Voraussetzungen des § 110 AO vorliegen, Wiedereinsetzung in den vorigen Stand gewährt werden.[129]

Fall 2 Der Steuerpflichtige stellt den Antrag rechtzeitig, die Bearbeitung beim Finanzamt verzögert sich jedoch.

Lösung Über den fristgerecht gestellten Antrag kann auch noch nach Ablauf der Jahresfrist entschieden werden.[130]

II. § 174 Abs. 2 AO

Wenn ein bestimmter Sachverhalt in unvereinbarer Weise mehrfach zugunsten eines oder mehrerer Steuerpflichtiger berücksichtigt worden ist und die Berücksichtigung des Sachverhalts auf einen Antrag oder eine Erklärung des Steuerpflichtigen zurückzuführen ist, dann ist der fehlerhafte Steuerbescheid aufzuheben oder zu ändern.

1. Positiver Widerstreit zugunsten des Steuerpflichtigen

Hierbei kann es sich um Fälle handeln, in denen z. B. dieselbe Ausgabe irrtümlich verschiedenen Steuerpflichtigen, verschiedenen Steuern oder verschiedenen Besteuerungszeiträumen zugeordnet worden ist.

---

[129] AEAO zu § 174 Nr. 2.
[130] AEAO zu § 174 Nr. 2.

Die Änderung des fehlerhaften Steuerbescheids ist von Amts wegen vorzunehmen.

Fall Die Doppelberücksichtigung erfolgte, weil der Steuerpflichtige bewusst ein und dieselbe Betriebsausgabe in den Steuererklärungen von zwei verschiedenen Veranlagungszeiträumen angegeben hatte.

Lösung Eine Änderung nach § 174 Abs. 2 AO ist nicht auf den Fall der irrtümlichen Doppelberücksichtigung eines bestimmten Sachverhalts beschränkt,[131] sie kommt auch bei bewusst herbeigeführten widerstreitenden Steuerfestsetzungen in Betracht.[132]

2. Antrag oder Erklärung des Steuerpflichtigen

Unter den Begriff des Antrags oder einer Erklärung des Steuerpflichtigen im Sinn der Vorschrift fallen auch formlose Mitteilungen und Auskünfte außerhalb des Steuererklärungsvordrucks sowie für den Beteiligten von Dritten abgegebene Erklärungen (z. B. im Rahmen des § 80 Abs. 1 und 6 AO, § 200 Abs. 1 AO).[133]

III. § 174 Abs. 3 AO

Ist ein bestimmter Sachverhalt in einem Steuerbescheid in der Annahme nicht berücksichtigt worden, dass er in einem anderen Steuerbescheid zu berücksichtigen sei, und stellt sich diese Annahme als falsch heraus, so kann die Steuerfestsetzung, bei der die Berücksichtigung des Sachverhalts unterblieben ist, insoweit nachgeholt, aufgehoben oder geändert werden.

---

[131] AEAO zu § 174 Nr. 3; BFH-Urteil vom 06.09.1995, XI R 37/95, BStBl. 1996 II S. 148 – Leitsatz.

[132] AEAO zu § 174 Nr. 3.

[133] AEAO zu § 174 Nr. 3; BFH-Urteil vom 13.11.1996, XI R 61/96, BStBl. 1997 II S. 170 – Leitsatz: Werden Betriebsausgaben bei der einheitlichen und gesonderten Gewinnfeststellung und zusätzlich bei der Einkünfteermittlung eines Gesellschafters doppelt erfasst, liegen widerstreitende Steuerfestsetzungen vor. Eine Erklärung ist auch eine formlose Äußerung des Steuerpflichtigen, die nicht auf einem amtlichen Vordruck abgegeben wird.

1. Negativer Widerstreit von Anfang an

§ 174 Abs. 3 AO erfasst die Fälle, in denen bei einer Steuerfestsetzung ein bestimmter Sachverhalt in der erkennbaren Annahme nicht berücksichtigt worden ist, dass der Sachverhalt nur Bedeutung für eine andere Steuer, einen anderen Besteuerungszeitraum oder einen anderen Steuerpflichtigen habe.

Dieser andere Bescheid muss nicht notwendigerweise schon erlassen worden sein oder später tatsächlich erlassen werden.

Der Anwendung des § 174 Abs. 3 AO steht auch nicht entgegen, dass die Finanzbehörde in der (erkennbaren) Annahme, ein bestimmter Sachverhalt sei in einem anderen Steuerbescheid zu berücksichtigen, zunächst überhaupt keinen Steuerbescheid erlässt.[134]

2. Erkennbarkeit und Kausalität

Die Annahme, der bestimmte Sachverhalt sei in einem anderen Steuerbescheid zu erfassen, muss für den Steuerpflichtigen erkennbar und für die Nichtberücksichtigung kausal geworden sein.

Fall In den Erläuterungen des Einkommensteuerbescheids 2017 steht, dass die Sonderausgaben erst im Jahr 2018 zu berücksichtigen sind. Dies ist falsch.

Lösung Die Erkennbarkeit ist gegeben, wenn der Steuerpflichtige die (später als fehlerhaft erkannte) Annahme des Finanzamts auch ohne entsprechenden Hinweis aus dem gesamten Sachverhaltsablauf allein aufgrund verständiger Würdigung des fehlerhaften Bescheids erkennen konnte.

An der Kausalität fehlt es dagegen, wenn die Nichtberücksichtigung darauf beruht, dass das Finanzamt von dem bestimmten Sachverhalt gar keine Kenntnis hatte oder annahm, dieser Sachverhalt sei – jetzt und auch später – ohne steuerliche Bedeutung.[135]

---

[134] AEAO zu § 174 Nr. 6.
[135] AEAO zu § 174 Nr. 6; BFH-Urteil vom 29.05.2001, VIII R 19/00, BStBl. II S. 743 – Leitsatz 2.

3. Frist

Die Nachholung, Aufhebung oder Änderung ist nur zulässig bis zum Ablauf der für die andere Steuerfestsetzung geltenden Festsetzungsfrist (§ 174 Abs. 3 Satz 2 AO).

IV. § 174 Abs. 4 AO

Ist aufgrund irriger Beurteilung eines bestimmten Sachverhalts ein Steuerbescheid ergangen, der aufgrund eines Rechtsbehelfs oder sonst auf Antrag des Steuerpflichtigen durch die Finanzbehörde zu seinen Gunsten aufgehoben oder geändert wird, so können aus dem Sachverhalt nachträglich durch Erlass oder Änderung eines Steuerbescheids die richtigen steuerlichen Folgerungen gezogen werden.

Dies gilt auch dann, wenn der Steuerbescheid durch das Gericht aufgehoben oder geändert wird.

1. Negativer Widerstreit nachträglich geschaffen

§ 174 Abs. 4 AO ergänzt die Regelung des § 174 Abs. 3 AO um die Fälle, in denen eine Steuerfestsetzung auf Antrag oder im Rechtsbehelfsverfahren zugunsten des Steuerpflichtigen geändert worden ist.[136]

2. Änderung zugunsten und zuungunsten möglich

Fall 1 Der Steuerpflichtige hat für den Einkommensteuerbescheid 2013 erstritten, dass die Gewinnerzielungsabsicht aus künstlerischer Tätigkeit bejaht werden und er damit den Verlust 2013 steuermindernd geltend machen kann. Das Finanzamt ändert infolgedessen auch den Bescheid für 2014, in welchem ein Gewinn erzielt wurde.

Lösung Der Änderung nach § 174 Abs. 4 AO steht nicht entgegen, dass der gleiche Sachverhalt sowohl in dem zugunsten des Steuerpflichtigen geänderten Steuerbescheid als auch in dem zu ändernden

---

[136] AEAO zu § 174 Nr. 7.2.

Bescheid steuerlich zu berücksichtigen ist.[137] Bei der Anwendung der Vorschrift ist zu berücksichtigen, dass § 174 Abs. 4 AO den Ausgleich einer zugunsten des Steuerpflichtigen eingetretenen Änderung bezweckt. Derjenige, der erfolgreich für seine Rechtsansicht gestritten hat, muss auch die damit verbundenen Nachteile hinnehmen.[138]

Fall 2 Wie Fall 1, nur möchte der Steuerpflichtige mit § 174 Abs. 4 AO auch noch die Änderung des bestandskräftigen Bescheides 2012 erreichen, in welchem der Verlust ebenfalls nicht anerkannt wurde.

Lösung Die Vorschrift lässt es nicht zu, dass die zugunsten erwirkte Änderung auf bestandskräftige andere Bescheide übertragen wird.[139]

3. Frist

Der Ablauf der Festsetzungsfrist ist unbeachtlich, wenn die steuerlichen Folgerungen innerhalb eines Jahres nach Aufhebung oder Änderung des fehlerhaften Steuerbescheids gezogen werden (§ 174 Abs. 4 Satz 3 AO).

War die Festsetzungsfrist bereits abgelaufen, als der später aufgehobene oder geänderte Steuerbescheid erlassen wurde, gilt dies nur unter den Voraussetzungen des § 174 Abs. 3 Satz 1 AO (§ 174 Abs. 4 Satz 3 AO).

---

[137] AEAO zu § 174 Nr. 7.2; BFH-Urteil vom 18.02.1997, VIII R 54/95, BStBl. II S. 647 – Leitsatz: Erreicht der Steuerpflichtige wegen eines in einem Veranlagungszeitraum erzielten Einnahmeüberschusses eine geänderte Beurteilung der Einkünfteerzielungsabsicht und die Berücksichtigung des Werbungskostenüberschusses in den angefochtenen Steuerbescheiden, so kann das Finanzamt den unberücksichtigt gebliebenen Einnahmeüberschuss nachträglich durch Änderung des für diesen Veranlagungszeitraum bestandskräftig gewordenen Steuerbescheides nach § 174 Abs. 4 AO 1977 erfassen.

[138] AEAO zu § 174 Nr. 7.2.

[139] AEAO zu § 174 Nr. 7.4; BFH-Urteil vom 10.03.1999, XI R 28/98, BStBl. II S. 475 – Leitsatz 2: § 174 Abs. 4 AO 1977 lässt nicht zu, dass die durch Rechtsbehelf erwirkte Änderung eines Bescheides zugunsten des Steuerpflichtigen auf bestandskräftige andere Bescheide entsprechend übertragen wird.

V.§ 174 Abs. 5 AO

§ 174 Abs. 5 AO besagt, dass § 174 Abs. 4 AO gegenüber Dritten gilt, wenn diese am Verfahren, das zur Aufhebung oder Änderung des fehlerhaften Steuerbescheids geführt hat, beteiligt waren. Ihre Hinzuziehung oder Beiladung zu diesem Verfahren ist zulässig.

1. Auswirkungen des Abs. 4 auf Dritte

Nach § 174 Abs. 4 i. V. m. Abs. 5 AO können zur Richtigstellung einer irrigen Beurteilung eines bestimmten Sachverhalts steuerrechtliche Folgerungen auch zulasten eines bereits bestandskräftig beschiedenen Dritten gezogen werden.[140]

Fall Das Finanzamt beurteilt die Zahlungen der Tochter T an die Mutter M ursprünglich rechtsirrig als nur mit dem Ertragsanteil abziehbare Leibrente. Nach dem Einspruch der T wird dieser Fehler richtiggestellt und die Zahlung als vollumfänglich abziehbare dauernde Last behandelt. Die bestandskräftigen Steuerbescheide der M werden entsprechend angepasst, was bei dieser zu einer Mehrsteuer führt.

Lösung § 174 Abs. 4 und 5 AO ist nicht auf die Fälle einer alternativen Erfassung bestimmter Sachverhalte entweder beim Steuerpflichtigen oder beim Dritten beschränkt. „Bestimmter Sachverhalt" ist ein einheitlicher, deckungsgleicher Lebensvorgang, aus dem steuerrechtliche Folgen sowohl beim Steuerpflichtigen als auch beim Dritten zu ziehen sind.

Die steuerrechtlichen Folgen brauchen bei beiden nicht die gleichen zu sein. Aufgrund ein und desselben Sachverhalts kann beim Steuerpflichtigen eine abziehbare Ausgabe und beim Dritten eine Einnahme in Betracht kommen.[141]

---

[140] AEAO zu § 174 Nr. 8.1.

[141] AEAO zu § 174 Nr. 9; BFH-Urteil vom 24.11.1987, IX R 158/83, BStBl. 1988 II S. 404 – Leitsatz 2: Eine Änderung nach § 174 IV, V ist auch zulässig für die einkommensteuerrechtliche Würdigung wiederkehrender Leistungen auf Seiten des Verpflichteten nach § 10 I Nr. 1 EStG 1975 und auf Seiten des Berechtigten nach § 22 Nr. 1 EStG 1975.

2. Dritter

Dritter ist, wer im ursprünglichen Bescheid nicht als Inhaltsadressat angegeben war. Inhaltsadressat eines Feststellungsbescheids – und damit nicht Dritter i. S. d. § 174 Abs. 5 AO – ist derjenige, dem der Gegenstand der Feststellung zuzurechnen ist. Gesellschafter einer Personengesellschaft sind daher im Gewinnfeststellungsverfahren nicht Dritte i. S. d. § 174 Abs. 5 AO.[142]

3. Hinzuziehung

Schon die Möglichkeit, dass ein Steuerbescheid wegen irrtümlicher Beurteilung eines Sachverhalts aufzuheben oder zu ändern ist und hieraus Folgen für einen Dritten zu ziehen sind, rechtfertigt die Hinzuziehung des Dritten.[143]

a) Vor Ablauf der Festsetzungsfrist

Der Erlass oder die Änderung eines Steuerbescheids gegenüber dem Dritten setzt voraus, dass dieser vor Ablauf der Festsetzungsfrist für den gegen ihn gerichteten Steueranspruch zu dem Verfahren, das zur Aufhebung oder Änderung des fehlerhaften Steuerbescheids geführt hat, hinzugezogen oder beigeladen worden ist.

Die Finanzbehörde muss daher die Hinzuziehung eines in Betracht kommenden Dritten rechtzeitig vornehmen oder im finanzgerichtlichen Verfahren dessen Beiladung durch rechtzeitige Antragstellung veranlassen. § 174 Abs. 5 Satz 2 AO ist selbst Rechtsgrundlage für die Beteiligung des Dritten, ohne dass die Voraussetzungen des § 360 Abs. 3 AO und des § 60 FGO vorliegen müssen.[144]

---

[142] AEAO zu § 174 Nr. 8.3; BFH-Urteil vom 15.06.2004, VIII R 7/02, BStBl. II S. 914 – Leitsatz 1: Im Klageverfahren einer Personengesellschaft gegen einen Gewinnfeststellungsbescheid sind die Gesellschafter nicht Dritte i. S. des § 174 Abs. 5 AO 1977.
[143] AEAO zu § 174 Nr. 8.4.
[144] AEAO zu § 174 Nr. 8.4.

b) Nach Ablauf der Festsetzungsfrist

Eine Hinzuziehung oder Beiladung kommt grundsätzlich nicht mehr in Betracht, wenn gegenüber dem Dritten im Zeitpunkt der beabsichtigten Hinzuziehung oder Beiladung die Festsetzungsfrist für den gegen ihn gerichteten Steueranspruch bereits abgelaufen ist.[145]

Hat der Dritte aber durch eigene verfahrensrechtliche Initiativen auf die Änderung oder die Aufhebung des fehlerhaften Bescheids hingewirkt, kann er auch noch nach Ablauf der Festsetzungsfrist hinzugezogen oder beigeladen werden; es reicht aber nicht aus, dass er den Widerstreit von Steuerfestsetzungen lediglich kennt.[146]

4. Bekanntgabeerfordernisse gegenüber dem Dritten

Weil sich die Frage, welches die „richtigen steuerlichen Folgerungen" sind, verbindlich im Ausgangsverfahren entscheidet und der Dritte durch die Ausgangsentscheidung beschwert ist,[147] muss ihm die Möglichkeit eröffnet sein, sich im Ausgangsverfahren rechtliches Gehör zu verschaffen und auf das Verfahren dort Einfluss zu nehmen. Korrekturbescheide und abschließende Entscheidungen müssen auch dem Dritten bekannt gegeben werden, damit auch dieser die Möglichkeit hat, hiergegen Rechtsbehelf einzulegen.[148]

---

[145] AEAO zu § 174 Nr. 8.5; BFH-Urteil vom 05.05.1993, X R 111/91, BStBl. II S. 817 – Leitsatz 1: Gegenüber Dritten ist § 174 Abs. 4 AO 1977 gem. § 174 Abs. 5 AO 1977 nur anwendbar, wenn diese vor Eintritt der Festsetzungsverjährung an dem Verfahren beteiligt wurden, das zur Korrektur des ursprünglichen Bescheids geführt hat.

[146] AEAO zu § 174 Nr. 8.5.

[147] AEAO zu § 174 Nr. 8.6; BFH-Urteil vom 22.07.1980, VIII R 114/78, BStBl. 1981 II S. 101 – Leitsatz 3: Der Beigeladene ist durch das Urteil des Finanzgerichts in seinen rechtlichen Interessen berührt – und damit beschwert –, wenn das Finanzamt aufgrund der Beurteilung eines bestimmten Sachverhalts in der finanzgerichtlichen Entscheidung berechtigt ist, einen gegenüber dem Beigeladenen ergangenen Steuerbescheid gemäß § 174 Abs. 4 und 5 AO 1977 zu seinen Ungunsten zu ändern.

[148] AEAO zu § 174 Nr. 8.6.

5. Entscheidung durch Abhilfebescheid

Eine Entscheidung durch Abhilfebescheid (§ 172 Abs. 1 Nr. 2 lit. a AO), durch die es einer Einspruchsentscheidung nicht mehr bedarf, wahrt die Rechte des Hinzugezogenen nur, wenn sie seinem Antrag der Sache nach entspricht oder wenn er ihr zustimmt.[149]

6. Hinzuziehung entbehrlich

Eine Hinzuziehung oder Beiladung des Dritten ist nur dann entbehrlich, wenn er Verfahrensbeteiligter i. S. d. § 359 AO oder § 57 FGO war oder durch eigene verfahrensrechtliche Initiativen auf die Änderung oder Aufhebung des fehlerhaften Steuerbescheids hingewirkt hat.[150]

---

[149] AEAO zu § 174 Nr. 8.6; BFH-Urteil vom 11.04.1991, V R 40/86, BStBl. II S. 605 – Leitsatz: Ein Dritter ist nicht am Verfahren über die Änderung eines Steuerbescheides bei widerstreitender Steuerfestsetzung beteiligt (§ 174 Abs. 5 1 AO 1977), wenn er zwar hinzugezogen worden ist, das Verfahren aber nicht durch Einspruchsentscheidung, sondern durch eine ohne seine Zustimmung oder seinen entsprechenden Antrag ergangenen Abhilfebescheid endet.

[150] AEAO zu § 174 Nr. 8.7; (BFH-Urteil vom 08.02.1995, I R 127/93, BStBl. II S. 764 – Leitsatz 2: Dritter i. S. des § 174 Abs. 5 S. 1 AO 1977 ist jeder, der im fehlerhaften Steuerbescheid nicht als Steuerschuldner angegeben war. An dem zur Änderung oder Aufhebung des fehlerhaften Steuerbescheids führenden Verfahren war er nicht nur dann beteiligt, wenn er Verfahrensbeteiligter i. S. des § 359 AO 1977 oder des § 57 FGO war, sondern auch dann, wenn er durch eigene verfahrensrechtliche Initiative auf die Aufhebung oder Änderung des Bescheids hinwirkte, z. B. indem er den Aufhebungs- oder Änderungsantrag stellte.

H. Änderung von Steuerbescheiden aufgrund von Grundlagenbescheiden und bei rückwirkenden Ereignissen (§ 175 AO)

§ 175 AO normiert weitere Änderungstatbestände für Steuerbescheide:

§ 175 Abs. 1 AO					
	Grundlagenbescheid (§ 171 Abs. 10 AO) mit Bindungswirkung für diesen Bescheid wird erlassen, aufgehoben, geändert			§ 175 Abs. 1 Nr. 1 AO	insoweit Erlass, Aufhebung, Änderung eines Steuerbescheids
	rückwirkendes Ereignis	= Ereignis mit steuerlicher Wirkung für die Vergangenheit		§ 175 Abs. 1 Nr. 2 AO	
		= Wegfall der Voraussetzung für eine Steuervergünstigung, wenn	gesetzlich bestimmt ist, dass diese Voraussetzung für eine bestimmte Zeit gegeben sein muss	§ 175 Abs. 2 Satz 1 AO	
			durch Verwaltungsakt festgestellt worden ist, dass sie die Grundlage für die Gewährung der Steuervergünstigung bildet		
		NICHT: nachträgliche Erteilung oder Vorlage einer Bescheinigung oder Bestätigung		§ 175 Abs. 2 Satz 2 AO	kein Fall des § 175 AO

I. Aufhebung oder Änderung von Folgebescheiden (§ 175 Abs. 1 Satz 1 Nr. 1 AO)

Ein Steuerbescheid ist zu erlassen, aufzuheben oder zu ändern, soweit ein Grundlagenbescheid (§ 171 Abs. 10 AO), dem Bindungswirkung für diesen Steuerbescheid zukommt, erlassen, aufgehoben oder geändert wird.

1. Grundlagenbescheide

Grundlagenbescheide sind Feststellungsbescheide, Steuermessbescheide oder sonstige für eine Steuerfestsetzung bindende Verwaltungsakte (§ 171 Abs. 10 Satz 1 AO).

Fall Der Grad der Behinderung des Steuerpflichtigen wird von der zuständigen Behörde geändert.

Lösung Auch Verwaltungsakte anderer Behörden, die keine Finanzbehörden sind (hier: § 33b EStG), können Grundlagenbescheide sein.[151]

2. Kein Ermessen

Die Anpassung des Folgebescheids an einen Grundlagenbescheid steht nicht im Ermessen der Finanzbehörde. Der vom Grundlagenbescheid ausgehenden Bindungswirkung (§ 182 Abs. 1 AO) ist durch Änderung des Folgebescheids nach § 175 Abs. 1 Satz 1 Nr. 1 AO Rechnung zu tragen, wenn der Folgebescheid die mit dem Grundlagenbescheid getroffene Feststellung nicht oder nicht zutreffend berücksichtigt.

Eine Anpassung des Folgebescheids an den Grundlagenbescheid nach § 175 Abs. 1 Satz 1 Nr. 1 AO ist auch dann vorzunehmen, wenn der Grundlagenbescheid[152]

– erst nach Erlass des Folgebescheids ergangen ist (siehe §§ 155 Abs. 2 und 162 Abs. 5 AO),
– bei Erlass des Folgebescheids übersehen wurde,
– bei Erlass des Folgebescheids bereits vorlag, die im Grundlagenbescheid getroffenen Feststellungen aber fehlerhaft berücksichtigt worden sind.

---

[151] AEAO zu § 175 Nr. 1,1.
[152] AEAO zu § 175 Nr. 1.2.

3. Aufgehobener Grundlagenbescheid

Wird ein Grundlagenbescheid aus formellen Gründen ersatzlos aufgehoben, so eröffnet dies dem für den Erlass des Folgebescheids zuständigen Finanzamt die Möglichkeit, den Sachverhalt, der bisher Gegenstand des Feststellungsverfahrens war, selbständig zu beurteilen und den Folgebescheid insoweit nach § 175 Abs. 1 Satz 1 Nr. 1 AO zu ändern.[153]

Das Gleiche gilt, wenn ein zunächst eingeleitetes Feststellungsverfahren aus formellen Gründen zu einem sog. negativen Feststellungsbescheid führt[154] oder wenn einzelne Besteuerungsgrundlagen nachträglich aus dem Feststellungsverfahren ausgeschieden werden.[155]

4. Außersteuerlicher Grundlagenbescheid

Sind die Voraussetzungen für eine Steuervergünstigung durch einen außersteuerlichen Grundlagenbescheid nachzuweisen, so steht der Anpassung des Steuerbescheids (Folgebescheid) an den Grundlagenbescheid nach § 175 Abs. 1 Satz 1 Nr. 1 AO nicht entgegen, dass der Steuerpflich-

---

[153] AEAO zu § 175 Nr. 1.3; BFH-Urteil vom 25.06.1991, IX R 57/88, BStBl. II S. 821 – Leitsatz: Ist ein Grundlagenbescheid ersatzlos aufgehoben worden, kann das für den Folgebescheid zuständige Finanzamt den Sachverhalt, der bisher Gegenstand des Grundlagenbescheids war, in eigener Zuständigkeit ermitteln und steuerrechtlich beurteilen, um aufgrund dessen den Folgebescheid nach § 175 Abs. 1 Nr. 1 AO 1977 zu ändern.

[154] AEAO zu § 175 Nr. 1.3; BFH-Urteil vom 11.05.1993, IX R 27/90, BStBl. II S. 820 – Leitsatz: Nach Erlass eines sogenannten negativen Feststellungsbescheides hat die zuständige Finanzbehörde die betreffenden Einkünfte des Steuerpflichtigen selbst zu ermitteln und diese gegebenenfalls in einem gem. § 175 Abs. 1 Nr. 1 AO 1977 zu erlassenden Änderungsbescheid zu berücksichtigen.

[155] AEAO zu § 175 Nr. 1.3.

tige den für die Steuervergünstigung erforderlichen, aber nicht fristgebundenen Antrag erst nach Unanfechtbarkeit des Steuerbescheids gestellt hat.[156]

5. Maximale Anpassungsfrist

§ 171 Abs. 10 Satz 1 AO gewährt eine maximale Anpassungsfrist von zwei Jahren nach Bekanntgabe eines Grundlagenbescheids. Der Zeitpunkt des Zugangs der verwaltungsinternen Mitteilung über den Grundlagenbescheid bei der für den Erlass des Folgebescheids zuständigen Finanzbehörde ist für die Fristbestimmung ebenso unbeachtlich wie der Zeitpunkt, an dem der Grundlagenbescheid unanfechtbar geworden ist.

a) Anfechtung des Grundlagenbescheids

Eine Anfechtung des Grundlagenbescheids führt lediglich zur Hemmung der Feststellungsfrist des Grundlagenbescheids (§ 181 Abs. 1 Satz 1 i. V. m. § 171 Abs. 3a AO), nicht aber zur Hemmung der Festsetzungsfrist der Folgebescheide.[157]

b) Voraussetzung: Geänderter Grundlagenbescheid

Werden Feststellungen im Grundlagenbescheid in einem Feststellungs-, Einspruchs- oder Klageverfahren geändert, führt dies zu einer erneuten Anpassungspflicht nach § 175 Abs. 1 Satz 1 Nr. 1 AO und damit wiederum zu einer Ablaufhemmung nach § 171 Abs. 10 Satz 1 AO für den Folgebescheid.

---

[156] AEAO zu § 175 Nr. 1.6; BFH-Urteil vom 13.12.1985, III R 204/81, BStBl. 1986 II S. 245 – Leitsatz: Die Feststellung gem. § 3 Abs. 1 SchwbG ist ein Grundlagenbescheid i. S. von § 171 AO. Sie ist für die Gewährung eines Körperbehindertenpauschbetrages auch dann zu berücksichtigen, wenn sie bereits vor Erlass des Steuerbescheides getroffen war und der Steuerpflichtige den Antrag nach § 33b EStG erst nach Eintritt der Bestandskraft des Steuerbescheides gestellt hat.

[157] AEAO zu § 171 Nr. 6; BFH-Urteil vom 19.01.2005, X R 14/04, BStBl. II S. 242 – Leitsatz: Die Anfechtung eines Grundlagenbescheids mit Einspruch oder Klage führt nicht dazu, dass die für die Festsetzung der Folgesteuern maßgebende Festsetzungsfrist bis zur Unanfechtbarkeit des (geänderten) Feststellungsbescheids gehemmt wird.

Dagegen setzt ein Grundlagenbescheid, der einen gleichartigen, dem Inhaltsadressaten wirksam bekannt gegebenen Steuerverwaltungsakt in seinem verbindlichen Regelungsgehalt lediglich wiederholt, oder eine Einspruchs- oder Gerichtsentscheidung, die einen Grundlagenbescheid lediglich bestätigt, keine neue Zweijahresfrist für den Folgebescheid in Lauf.[158]

c) Aufhebung Nachprüfungsvorbehalt im Grundlagenbescheid

Die Aufhebung des Vorbehalts der Nachprüfung eines Grundlagenbescheids steht dem Erlass eines geänderten Grundlagenbescheids gleich. Sie setzt daher die Zweijahresfrist des § 171 Abs. 10 Satz 1 AO in Lauf. Dies gilt auch dann, wenn der Vorbehalt der Nachprüfung hinsichtlich des Grundlagenbescheids aufgehoben wird, ohne dass eine sachliche Änderung des Grundlagenbescheids erfolgt.

Soweit ein Folgebescheid den nunmehr endgültigen Grundlagenbescheid noch nicht berücksichtigt hat, muss er selbst dann nach § 175 Abs. 1 Satz 1 Nr. 1 AO korrigiert werden, wenn der Vorbehalt der Nachprüfung des Grundlagenbescheids aufgehoben wurde, ohne dass eine sachliche Änderung des Grundlagenbescheids erfolgt.[159]

d) Sonderfall: nicht bindender Grundlagenbescheid

Die Ablaufhemmung nach § 171 Abs. 10 Satz 1 AO gilt für einen Grundlagenbescheid, der nicht den Vorschriften des § 181 AO unterliegt, nur, sofern dieser Grundlagenbescheid vor Ablauf der für den Folgebescheid geltenden Festsetzungsfrist bei der zuständigen Behörde beantragt worden ist (§ 171 Abs. 10 Satz 3 AO).

Hierunter fallen neben Grundlagenbescheiden ressortfremder Behörden (z. B. Bescheinigungen nach § 4 Nr. 20 lit. a UStG) auch Bescheide über

---

[158] AEAO zu § 171 Nr. 6.2.; BFH-Urteil vom 13.12.2000, X R 42/96, BStBl. 2001 II S. 471 – Leitsatz: Ein Grundlagenbescheid, der einen gleichartigen, dem Inhaltsadressaten wirksam bekannt gegebenen Steuerverwaltungsakt in seinem verbindlichen Regelungsgehalt nur wiederholt, löst keine Anpassungspflicht nach § 175 Abs. 1 Nr. 1 AO 1977 a. F. (jetzt § 175 Abs. 1 Satz 1 Nr. 1 AO 1977) aus und wirkt auch nicht gemäß § 171 Abs. 10 AO 1977 auf den Lauf der Festsetzungsfrist für den Folgebescheid ein.

[159] AEAO zu § 171 Nr. 6.3.

Billigkeitsmaßnahmen nach § 163 AO, weil auch insoweit die Regelungen der §§ 179 ff. AO nicht gelten. Die Festsetzungsfrist für den Folgebescheid läuft in diesen Fällen nicht ab, solange über den Antrag auf Erlass des Grundlagenbescheids noch nicht unanfechtbar entschieden worden ist.[160]

e) Außenprüfung

Die Festsetzungsfrist für einen Folgebescheid läuft nach § 171 Abs. 10 Satz 4 AO jedoch nicht ab, solange der Ablauf der Festsetzungsfrist des von der Bindungswirkung nicht erfassten Teils der Steuer aufgrund einer Außenprüfung nach § 171 Abs. 4 AO gehemmt ist. Diese Regelung ermöglicht es, die Anpassung des Folgebescheids an einen Grundlagenbescheid (§ 175 Abs. 1 Satz 1 Nr. 1 AO) und die Auswertung der Ergebnisse der Außenprüfung zusammenzufassen.[161]

f) Dritter ist steuerentrichtungspflichtig

Soweit ein Dritter Steuern für Rechnung des Steuerschuldners einzubehalten und abzuführen oder für Rechnung des Steuerschuldners zu entrichten hat, endet die Festsetzungsfrist gegenüber dem Steuerschuldner nicht vor Ablauf der gegenüber dem Steuerentrichtungspflichtigen geltenden Festsetzungsfrist (§ 171 Abs. 15 AO).

II. Aufhebung oder Änderung von Steuerbescheiden wegen Eintritt eines rückwirkenden Ereignisses (§ 175 Abs. 1 Satz 1 Nr. 2 AO)

Ein Steuerbescheid ist zu erlassen, aufzuheben oder zu ändern, soweit ein Ereignis eintritt, das steuerliche Wirkung für die Vergangenheit hat (rückwirkendes Ereignis).

---

[160] AEAO zu § 171 Nr. 6.5.
[161] AEAO zu § 171 Nr. 6.6.

1. Rückwirkendes Ereignis

Hierzu rechnen alle rechtlich bedeutsamen Vorgänge, aber auch tatsächlichen Lebensvorgänge, die steuerlich – ungeachtet der zivilrechtlichen Wirkungen – in der Weise Rückwirkung entfalten, dass nunmehr der veränderte anstelle des zuvor verwirklichten Sachverhalts der Besteuerung zugrunde zu legen ist.[162]

a) Beurteilungsmaßstab: Materielles Steuerrecht

Ob einer nachträglichen Änderung des Sachverhalts rückwirkende steuerliche Bedeutung zukommt, bestimmt sich allein nach dem jeweils einschlägigen materiellen Steuerrecht.

Nach diesem ist zu beurteilen, ob zum einen eine Änderung des ursprünglich gegebenen Sachverhalts den Steuertatbestand überhaupt betrifft und ob sich darüber hinaus der bereits entstandene materielle Steueranspruch mit steuerlicher Rückwirkung ändert.[163] Zahlreiche Beispiele für rückwirkende Ereignisse finden Sie in AEAO zu § 175 Nr. 2.4.

b) Rückwirkende Ereignisse kraft Gesetzes

Als rückwirkendes Ereignis gilt auch der Wegfall einer Voraussetzung für eine Steuervergünstigung, wenn gesetzlich bestimmt ist, dass diese Voraussetzung für eine bestimmte Zeit gegeben sein muss, oder wenn durch Verwaltungsakt festgestellt worden ist, dass sie die Grundlage für die Gewährung der Steuervergünstigung bildet (§ 175 Abs. 2 Satz 1 AO).

c) Kraft Gesetzes kein rückwirkendes Ereignis

Die nachträgliche Erteilung oder Vorlage einer Bescheinigung oder Bestätigung gilt nicht als rückwirkendes Ereignis (§ 175 Abs. 2 Satz 2 AO).

---

[162] AEAO zu § 175 Nr. 2.1.; BFH-Beschluss GrS vom 19.07.1993, GrS 2/92, BStBl. II S. 897 – Leitsatz: Wird die gestundete Kaufpreisforderung für die Veräußerung eines Gewerbebetriebes in einem späteren Veranlagungszeitraum ganz oder teilweise uneinbringlich, so stellt dies ein Ereignis mit steuerlicher Rückwirkung auf den Zeitpunkt der Veräußerung dar.

[163] AEAO zu § 175 Nr. 2.2.

§ 175 Abs. 2 Satz 2 AO ist nicht auf die Bescheinigung der anrechenbaren Körperschaftsteuer bei verdeckten Gewinnausschüttungen anzuwenden.[164]

d) Keine sonstigen rückwirkenden Ereignisse

Keine rückwirkenden Ereignisse sind ferner[165]

- Beweismittel, die ausschließlich dazu dienen, eine steuerrechtlich relevante Tatsache zu belegen, und die als solche keinen Eingang in eine materielle Steuerrechtsnorm gefunden haben. Dies gilt auch dann, wenn sie erst nach Bestandskraft eines Bescheids beschafft werden können; ggf. kommt hier aber § 173 AO zur Anwendung.
- Rückwirkende Änderung steuerrechtlicher Normen,[166]
- Entscheidung des BVerfG.

2. Nachträglich

Die Änderung des Steuerbescheids nach § 175 Abs. 1 Satz 1 Nr. 2 AO ist nur zulässig, wenn das rückwirkende Ereignis nachträglich, d. h. nach Entstehung des Steueranspruchs und nach dem Erlass des Steuerbescheids (ggf. des zuletzt erlassenen Änderungsbescheides) eingetreten ist.

Fall Der Sachverhalt lag bereits vor, das Finanzamt hat jedoch erst nach Ergehen des Steuerbescheids davon Kenntnis erlangt.

Lösung Die Voraussetzungen des § 175 Abs. 1 Satz 1 Nr. 2 AO sind nicht gegeben, wenn das Finanzamt lediglich nachträglich Kenntnis von einem bereits gegebenen Sachverhalt erlangt.[167]

---

[164] AEAO zu § 175 Nr. 2.2.
[165] AEAO zu § 175 Nr. 2.2.
[166] AEAO zu § 175 Nr. 2.2; BFH-Urteil vom 09.08.1990, X R 5/88, BStBl. 1991 II S. 55 – Leitsatz 3: Eine rückwirkende Änderung steuerrechtlicher Normen ist kein rückwirkendes Ereignis i. S. des § 175 Abs. 1 Satz 1 Nr. 2 AO 1977.
[167] AEAO zu § 175 Nr. 2.3.

3. Verhältnis § 175 zu 173 AO

§ 173 und § 175 AO schließen einander aus:

	bereits vor Steuer-festsetzung verwirk-licht	wird dem Finanzamt aber erst nachträglich bekannt	§ 173 Abs. 1 AO
Lebenssach-verhalt	spielt sich erst nach Steuerfestsetzung ab	und wirkt auf die Ent-stehung der Steuer zurück	§ 175 Abs. 1 Satz 1 Nr. 2 AO

Ist im Einzelfall die Änderung des Steuerbescheids nach § 175 Abs. 1 Satz 1 Nr. 2 AO ausgeschlossen, kann in Fällen, in denen das Ereignis zwar schon vor Erlass des Steuerbescheids eingetreten, dem Finanzamt jedoch erst nachträglich bekannt geworden ist, die Änderung des Steuerbescheids nach § 173 Abs. 1 AO in Betracht kommen.[168]

J. Umsetzung von Verständigungsvereinbarungen (§ 175a AO)

Ein Steuerbescheid ist nach § 175a AO zu erlassen, aufzuheben oder zu ändern, soweit dies zur Umsetzung einer Vorabverständigungsvereinba-rung nach § 89a AO, einer Verständigungsvereinbarung oder eines Schiedsspruchs nach einem Vertrag im Sinne des § 2 AO geboten ist.

Die Festsetzungsfrist endet insoweit nicht vor Ablauf eines Jahres nach dem Wirksamwerden der Verständigungsvereinbarung oder des Schieds-spruchs.

---

[168] AEAO zu § 175 Nr. 2.3.

K. Änderung von Steuerbescheiden bei Datenübermittlung durch Dritte (§ 175b AO)

I. Mitteilungspflichtige Stellen

Die Mitteilungspflicht ist ausführlich in § 93c AO – Datenübermittlung durch Dritte – geregelt.[169]

Mitteilungspflichtige Stellen sind z. B. Arbeitgeber, Banken, gesetzliche Rentenversicherer und Krankenversicherungen.

Nicht unter die Mitteilungspflicht der Norm fallen nach § 93c Abs. 8 AO:

- Datenübermittlungspflichten nach § 51a Abs. 2c EStG. Dies betrifft die zur Vornahme des Steuerabzugs vom Kapitalertrag Verpflichteten (Kirchensteuerabzugsverpflichtete).
- Die zuständigen Stellen für die Altersvorsorgezulage nach dem XI. Abschnitt des EStG,
- Datenübermittlungspflichten gegenüber den Zollbehörden,
- Datenübermittlungen zwischen Finanzbehörden,

Datenübermittlungspflichten ausländischer öffentlicher Stellen.

II. Fehlende oder nicht zutreffende Berücksichtigung

Nach § 175b Abs. 1 AO ist ein Steuerbescheid aufzuheben oder zu ändern, soweit von der mitteilungspflichtigen Stelle an die Finanzbehörden

---

[169] AEAO zu § 93c Nr. 3; § 93c AO ist erstmals anzuwenden, wenn steuerliche Daten eines Steuerpflichtigen für Besteuerungszeiträume nach 2016 oder Besteuerungszeitpunkte nach dem 31. Dezember 2016 aufgrund gesetzlicher Vorschriften von einem Dritten als mitteilungspflichtiger Stelle elektronisch an Finanzbehörden zu übermitteln sind (Art. 97 § 27 Abs. 2 EGAO).

übermittelte Daten im Sinne des § 93c AO bei der Steuerfestsetzung nicht oder nicht zutreffend berücksichtigt wurden.

Anders als bei § 173 AO kommt es bei § 175b AO nicht darauf an, ob der Steuerpflichtige seine Mitwirkungspflichten verletzt hat. Gleiches gilt hinsichtlich einer Verletzung der Ermittlungspflichten durch die Finanzbehörde.[170]

Unerheblich ist auch, ob dem Steuerpflichtigen bei Erstellung der Steuererklärung ein Schreib- oder Rechenfehler i. S. d. § 173a AO oder der Finanzbehörde bei Erlass des Steuerbescheids ein mechanisches Versehen i. S. d. § 129 AO, ein Fehler bei der Tatsachenwürdigung oder ein Rechtsanwendungsfehler unterlaufen ist.[171]

Die Änderung kann sich sowohl zugunsten als auch zuungunsten des Steuerpflichtigen auswirken.[172]

III. Daten, die als Angaben des Steuerpflichtigen gelten

Daten, die von mitteilungspflichtigen Stellen nach Maßgabe des § 93c AO an die Finanzverwaltung übermittelt wurden, gelten nach § 150 Abs. 7 Satz 2 AO als Angaben des Steuerpflichtigen, soweit er nicht in einem dafür vorzusehenden Abschnitt oder Datenfeld der Steuererklärung abweichende Angaben macht.

Soweit die als Angaben des Steuerpflichtigen geltenden Daten zu seinen Ungunsten unrichtig sind, ist der Steuerbescheid nach § 175b Abs. 2 AO aufzuheben oder zu ändern.

---

[170] AEAO zu § 175b Nr. 1.
[171] AEAO zu § 175b Nr. 1.
[172] AEAO zu § 175b Nr. 1.

IV. Nicht rechtserhebliche Daten

Eine Änderung nach § 175b Abs. 1 und 2 AO erfolgt nicht, wenn nachträglich übermittelte Daten im Sinne des § 93c Abs. 1 oder 3 AO nicht rechtserheblich sind (§ 175b Abs. 4 AO). Für die Rechtserheblichkeit gilt das zu § 173 AO Gesagte.

V. Fehlende Einwilligung in die Datenübermittlung

Ist eine Einwilligung des Steuerpflichtigen in die Übermittlung von Daten im Sinne des § 93c AO an die Finanzbehörden Voraussetzung für deren steuerliche Berücksichtigung, so ist ein Steuerbescheid nach § 175b Abs. 3 AO aufzuheben oder zu ändern, soweit die Einwilligung nicht vorliegt.

VI. Anwendungsbereich des § 175b AO

§ 175b Abs. 1 bis 3 AO ist erstmals anzuwenden, wenn steuerliche Daten eines Steuerpflichtigen für Besteuerungszeiträume nach 2016 oder Besteuerungszeitpunkte nach dem 31. Dezember 2016 aufgrund gesetzlicher Vorschriften von einem Dritten als mitteilungspflichtiger Stelle elektronisch an Finanzbehörden zu übermitteln sind (Art. 97 § 27 Abs. 2 EGAO). § 175b Abs. 4 AO ist erstmals anzuwenden, wenn Daten i. S. d. § 93c AO der Finanzbehörde nach dem 25. Juni 2017 zugehen.[173]

---

[173] AEAO zu § 175b Nr. 2.

L. Vertrauensschutz bei der Aufhebung und Änderung von Steuerbescheiden (§ 176 AO)

I. Grundsätzliches

§ 176 AO ist keine Korrekturvorschrift. Sie ergänzt lediglich die §§ 172 bis 175 AO und regelt den Vertrauensschutz der Betroffenen.

Vertrauens-schutz be-züglich	Gesetzgebung und Rechtspre-chung	nichtige Rechtsnorm	§ 176 Abs. 1 Nr. 1 AO
		verfassungswidrige Rechts-norm	§ 176 Abs. 1 Nr. 2 AO
		geänderte Rechtsprechung	§ 176 Abs. 1 Nr. 3 AO
	Verwaltungsvor-schriften	rechtswidrige Verwaltungs-richtlinien	§ 176 Abs. 2 AO

Nach § 176 Abs. 1 AO darf bei der Aufhebung oder Änderung eines Steuerbescheids nicht zuungunsten des Steuerpflichtigen berücksichtigt werden, dass

- das BVerfG die Nichtigkeit eines Gesetzes feststellt, auf dem die bisherige Steuerfestsetzung beruht (Nr. 1),
- ein oberster Gerichtshof des Bundes eine Norm, auf der die bisherige Steuerfestsetzung beruht, nicht anwendet, weil er sie für verfassungswidrig hält (Nr. 2),
- sich die Rechtsprechung eines obersten Gerichtshofes des Bundes geändert hat, die bei der bisherigen Steuerfestsetzung von der Finanzbehörde angewandt worden ist (Nr. 3).

Ist die bisherige Rechtsprechung bereits in einer Steuererklärung oder einer Steueranmeldung berücksichtigt worden, ohne dass das für die Finanzbehörde erkennbar war, so gilt Nr. 3 nur, wenn anzunehmen ist, dass die Finanzbehörde bei Kenntnis der Umstände die bisherige Rechtsprechung angewandt hätte.

Nach § 176 Abs. 2 AO darf bei der Aufhebung oder Änderung eines Steuerbescheids nicht zuungunsten des Steuerpflichtigen berücksichtigt werden, dass eine allgemeine Verwaltungsvorschrift der Bundesregierung, einer obersten Bundes- oder Landesbehörde von einem obersten Gerichtshof des Bundes als nicht mit dem geltenden Recht in Einklang stehend bezeichnet worden ist.

II. Einzelheiten

1. Vertrauensschutz

Die Vorschrift schützt das Vertrauen des Steuerpflichtigen in die Gültigkeit einer Rechtsnorm, der Rechtsprechung eines obersten Gerichtshofs des Bundes oder einer allgemeinen Verwaltungsvorschrift (z. B. EStR).[174]

2. Aufhebung und Änderung

Unter Aufhebung und Änderung ist jede Korrektur einer Steuerfestsetzung nach §§ 164, 165, 172 ff. AO oder nach den Einzelsteuergesetzen zu verstehen.

Nicht hierunter fällt jedoch die Berichtigung nach § 129 AO.[175]

---

[174] AEAO zu § 176 Nr. 1.
[175] AEAO zu § 176 Nr. 1.

3. Vorgehensweise

Bei Änderung der Steuerfestsetzung ist so vorzugehen, als hätte die frühere für den Steuerpflichtigen günstige Rechtsauffassung nach wie vor Gültigkeit.

Fall Eine Steuererklärung erging unter Vorbehalt der Nachprüfung (§ 164 AO). Während des Bestehens des Vorbehalts ändert der BFH seine Rechtsprechung zum Nachteil des Steuerpflichtigen.

Lösung Die dem Steuerpflichtigen günstige Rechtsprechung des BFH, die bei der Vorbehaltsfestsetzung berücksichtigt worden war, muss auch nach der nachteiligen Rechtsprechungsänderung weiterhin angewendet werden.[176]

4. Anwendung von Rechtsprechung durch den Steuerpflichtigen

Fall 1 Der Steuerpflichtige hat die bisherige Rechtsprechung seinen Steuererklärungen stillschweigend zugrunde gelegt. Dies war für das Finanzamt nicht erkennbar.

Lösung Der Vertrauensschutz gilt bei fehlender Erkennbarkeit nur, wenn davon ausgegangen werden kann, dass die Finanzbehörde mit der Anwendung der Rechtsprechung einverstanden gewesen wäre.[177]

Fall 2 Wie Fall 1, nur war die Entscheidung im Bundessteuerblatt veröffentlicht worden und es lag keine Verwaltungsanweisung vor, die Rechtsprechung des BFH über den entschiedenen Einzelfall hinaus nicht anzuwenden.

Lösung Das Einverständnis der Finanzbehörde ist in diesem Fall zu unterstellen.[178]

---

[176] AEAO zu § 176 Nr. 2.
[177] AEAO zu § 176 Nr. 3.
[178] AEAO zu § 176 Nr. 3.

M. Berichtigung von materiellen Fehlern, § 177 AO

I. Grundsätzliches

§ 177 AO ist keine Korrekturvorschrift. Sie ergänzt lediglich die §§ 172 bis 175b AO und erlaubt die Berichtigung materieller Fehler.

Vorliegen der Voraussetzungen für Aufhebung oder Änderung eines Steuerbescheids nach §§ 172–175b AO	zuungunsten des Steuerpflichtigen (Änderungsobergrenze)	führt, soweit die Änderung reicht (Änderungsrahmen), zur Berichtigung von materiellen Fehlern, für die §§ 172–175b AO nicht anwendbar sind	zugunsten und zuungunsten des Steuerpflichtigen	§ 177 Abs. 1 AO
	zugunsten des Steuerpflichtigen (Änderungsuntergrenze)		zuungunsten und zugunsten des Steuerpflichtigen	§ 177 Abs. 2 AO
Saldierungsverbot		Saldierungsgebot		

II. Materieller Fehler

Materieller Fehler ist jede objektive Unrichtigkeit eines Steuerbescheids.

Materiell fehlerhaft ist ein Bescheid nicht nur, wenn bei Erlass des Steuerbescheids geltendes Recht unrichtig angewendet wurde, sondern auch dann, wenn der Steuerfestsetzung ein Sachverhalt zugrunde gelegt worden ist, der sich nachträglich als unrichtig erweist.

Bei der Steuerfestsetzung nicht berücksichtigte Tatsachen sind deshalb, sofern sie zu keiner Änderung nach § 173 AO führen, nach § 177 AO zu berücksichtigen.[179]

Auf ein Verschulden kommt es nicht an.

Unerheblich ist ferner, ob der Steueranspruch insoweit bereits verjährt ist.[180] Eine Berichtigung eines materiellen Fehlers nach § 177 AO ist deshalb auch dann zulässig und geboten, wenn eine isolierte Änderung dieses Fehlers oder seine Berichtigung nach § 129 AO wegen Ablaufs der Festsetzungsfrist nicht möglich wäre.[181]

III. Vorgehensweise bei der Berichtigung

1. Grundsätzliches

Die Möglichkeit der Berichtigung materieller Fehler ist bei jeder Aufhebung oder Änderung eines Steuerbescheids zu prüfen.

Materielle Fehler sind zu berichtigen, soweit die Voraussetzungen für die Aufhebung oder Änderung eines Steuerbescheids (§§ 172 ff. AO) zuungunsten (§ 177 Abs. 1 AO) oder zugunsten des Steuerpflichtigen (§ 177 Abs. 2 AO) vorliegen; die Voraussetzungen des § 177 Abs. 1 und 2 AO

---

[179] AEAO zu § 177 Nr. 1; BFH-Urteil vom 05.08.1986, IX R 13/81, BStBl. 1987 II S. 297 – Leitsätze: 1. Werden nachträglich sowohl steuererhöhende als auch steuermindernde Tatsachen oder Beweismittel bekannt und führen die steuererhöhenden Tatsachen oder Beweismittel zur Berichtigung nach § 173 Abs. 1 Nr. 1 AO 1977, so sind unabhängig von einem groben Verschulden des Steuerpflichtigen im Rahmen der Änderung die steuermindernden Tatsachen gemäß § 177 AO 1977 zu berücksichtigen. 2. Bei der Zusammenveranlagung von Ehegatten gilt dies auch, wenn bei dem einen Ehegatten steuererhöhende und bei dem anderen Ehegatten steuermindernde Tatsachen oder Beweismittel bekanntwerden.

[180] AEAO zu § 177 Nr. 1; BFH-Urteil vom 18.12.1991, X R 38/90, BStBl. 1992 II S. 504 – Leitsatz 1: Im Rahmen des § 177 AO 1977 sind Rechtsfehler auch dann zu berichtigen, wenn sie wegen Eintritts der Verjährung nicht mehr zu einer Aufhebung oder Änderung des Steuerbescheids nach den §§ 172 ff. AO 1977 führen könnten.

[181] AEAO zu § 177 Nr. 1.

können auch nebeneinander vorliegen. Materielle Fehler dürfen nur innerhalb des Änderungsrahmens berichtigt, d. h. gegengerechnet werden.[182]

2. Ermittlung des Änderungsrahmens

Bei der Ermittlung des Änderungsrahmens sind Ober- und Untergrenze der Änderung zu bestimmen. Hierbei ist das Saldierungsverbot zu beachten.

a) Änderungsober- und -untergrenze

aa) Änderungsobergrenze

Änderungsobergrenze ist der Steuerbetrag, der sich als Summe der bisherigen Steuerfestsetzung und der steuerlichen Auswirkung aller selbständigen steuererhöhenden Änderungstatbestände (§§ 172 ff. AO) ergibt.[183]

bb) Änderungsuntergrenze

Änderungsuntergrenze ist der Steuerbetrag, der sich nach Abzug der steuerlichen Auswirkung aller selbständigen steuermindernden Änderungstatbestände (§§ 172 ff. AO) von der bisherigen Steuerfestsetzung ergibt.[184]

b) Ermittlung der Änderungsober- und -untergrenze – Saldierungsverbot

Liegen sowohl die Voraussetzungen für Änderungen zugunsten des Steuerpflichtigen als auch solche zu dessen Ungunsten vor, sind die oberen

---

[182] AEAO zu § 177 Nr. 2.
[183] AEAO zu § 177 Nr. 3.
[184] AEAO zu § 177 Nr. 3.

und unteren Grenzen der Fehlerberichtigung jeweils getrennt voneinander zu ermitteln.[185] Eine Saldierung der Änderungstatbestände zuungunsten und zugunsten des Steuerpflichtigen ist deshalb nicht zulässig (Saldierungsverbot).[186]

3. Auswirkungen der materiellen Fehler – Saldierungsgebot

Die Auswirkungen materieller Fehler sind zu saldieren und dann, so weit der Änderungsrahmen reicht, zu berücksichtigen (Saldierungsgebot).

Bei Änderungen zuungunsten des Steuerpflichtigen kann ein negativer (steuermindernder) Fehlersaldo nur bis zur Änderungsuntergrenze berücksichtigt werden (§ 177 Abs. 1 AO).

Bei Änderungen zugunsten des Steuerpflichtigen kann ein positiver (steuererhöhender) Fehlersaldo nur bis zur Änderungsobergrenze berücksichtigt werden (§ 177 Abs. 2 AO).[187]

IV. Beispiele

Fall 1

Ursprünglich im Einkommensteuerbescheid festgesetzte Steuer: 10.000 €

neue Tatsachen zuungunsten des Steuerpflichtigen (§ 173 Abs. 1 Nr. 1 AO): 5.000 €

neue Tatsachen zugunsten des Steuerpflichtigen (§ 173 Abs. 1 Nr. 2 AO): 2.000 €

materielle Fehler zuungunsten des Steuerpflichtigen: 6.000 €

materielle Fehler zugunsten des Steuerpflichtigen: 7.000 €

---

[185] AEAO zu § 177 Nr. 2; BFH-Urteil vom 09.06.1993, I R 90/92, BStBl. II S. 822 – Leitsatz 1: Liegen sowohl Gründe für eine Änderung eines Steuerbescheids zugunsten als auch zuungunsten des Steuerpflichtigen vor (§ 177 Abs. 1 und 2 AO 1977), so ergibt sich aus der Zweiteilung der Vorschrift, dass frühere Rechtsfehler getrennt im Rahmen des jeweiligen Änderungsbereichs zu berichtigen sind.

[186] AEAO zu § 177 Nr. 2.

[187] AEAO zu § 177 Nr. 4.

Lösung

Einkommensteu-erbescheid	10.000 €		0
§ 173 Abs. 1 Nr. 1 AO	+5.000 €	Änderungsobergrenze	15.000 €
§ 171 Abs. 1 Satz 1 Nr. 1 AO	-2.000 €	Änderungsuntergrenze	8.000 €
materielle Fehler	+6.000 € -7.000 €	richtige Steuer	12.000 €
		Ansatz	12.000 €

Fall 2 Wie Fall 1, nur materielle Fehler zugunsten des Steuerpflichtigen: 12.000 €

Lösung

Einkommensteu-erbescheid	10.000 €		0
§ 173 Abs. 1 Nr. 1 AO	+5.000 €	Änderungsobergrenze	15.000 €
§ 171 Abs. 1 Satz 1 Nr. 1 AO	-2.000 €	Änderungsuntergrenze	8.000 €
Materielle Fehler	+6.000 € -12.000 €	richtige Steuer	7.000 €
		Ansatz	8.000 €

Soweit ein Ausgleich materieller Fehler nach § 177 AO nicht möglich ist, bleibt der Steuerbescheid fehlerhaft. Hierin liegt keine sachliche Unbilligkeit, da die Folge vom Gesetzgeber gewollt ist.[188]

Fall 3 Zum Abschluss noch ein (leicht angepasster) ehemaliger Klausurfall zur Berichtigung von materiellen Fehlern:

Realschullehrer Pinsel (P) legt gegen seinen Einkommensteuerbescheid (festgesetzte Einkommensteuer 10.000 €) keinen Einspruch ein, sondern stellt bezüglich nicht anerkannter Kosten für Fachliteratur ausdrücklich einen „Antrag auf schlichte Änderung nach § 172 Abs. 1

---

[188] AEAO zu § 177 Nr. 5.

Satz 1 Nr. 2 lit. a AO". Darin beantragt er unter Vorlage einer entsprechenden Aufstellung mit Belegen die zusätzliche Berücksichtigung von Werbungskosten für Fachliteratur in Höhe von 500 €. Der Sachbearbeiter des Finanzamts kommt bei entsprechender Überprüfung zu dem Schluss, dass diese Kosten anerkannt werden müssen.

Er entdeckt aber im Bescheid Aufwendungen für ein häusliches Arbeitszimmer in Höhe von 1.250 €, welche von der Veranlagungsstelle anerkannt wurden, obwohl die Voraussetzungen hierfür nicht vorlagen. Dies teilt er dem P mit.

P kommt daraufhin aufgeregt zu Ihnen, da er befürchtet, dass nicht nur die Kosten für die Fachliteratur nicht anerkannt werden, sondern auch wegen des Betrages für das Arbeitszimmer (wie beim Einspruch) insgesamt eine „Verböserung" eintreten kann. Welche Beratung nehmen Sie vor?

Lösung Beim Antrag auf schlichte Änderung nach § 172 Abs. 1 Satz 1 Nr. 2 lit. a AO ist das Finanzamt mangels Vorbringung an den Antrag des P gebunden. Es kann die Steuerfestsetzung nicht in vollem Umfang erneut überprüfen und ggf. verbösern.[189]

Nach § 172 Abs. 1 Satz 1 Nr. 1 lit. a AO wird das Finanzamt die höheren Werbungskosten (Fachliteratur) berücksichtigen. Hinsichtlich des Arbeitszimmers scheidet eine Änderung nach § 172 Abs. 1 Satz 1 Nr. 2 lit. a AO mangels Zustimmung des P aus, da dies zu einer Steuererhöhung führen würde. Insoweit handelt es sich auch nicht um eine neue Tatsache nach § 173 Abs. 1 Nr. 1 AO.

Infolge der falschen Rechtsanwendung beim Arbeitszimmer liegt auch kein mechanisches Versehen, mithin keine offenbare Unrichtigkeit nach § 129 AO vor. Insoweit verbleibt es beim materiellen Fehler i. S. d. § 177 Abs. 3 AO, für den es keine selbstständige Korrekturvorschrift gibt.

Liegen die Voraussetzungen für die Änderung eines Steuerbescheids zugunsten des Steuerpflichtigen vor, so sind, soweit die Änderung

---

[189] AEAO zu § 172 Nr. 2.

reicht, materielle Fehler mitzuberücksichtigen, § 177 Abs. 2 AO. Im konkreten Fall liegen die Voraussetzungen für die Änderung eines Steuerbescheids zugunsten des P vor, nämlich die einer schlichten Änderung nach § 172 Abs. 1 Satz 1 Nr. 2 lit. a AO hinsichtlich der Fachliteratur.

Soweit nach § 172 Abs. 1 Satz 1 Nr. 2 lit. a AO geändert wird (- 500 €), können die Aufwendungen für das Arbeitszimmer mitberichtigt werden.[190] Von den 1.250 € Arbeitszimmer können also nur 500 € gegengerechnet werden. Damit bleibt es bei der bisherigen Steuerfestsetzung von 10.000 €.

Allerdings kann das Finanzamt die restlichen 750 € zu Unrecht anerkannte Aufwendung für das Arbeitszimmer bei einer etwaigen künftigen Änderung zugunsten des P nach den §§ 172 ff., 129 AO mitberichtigen, soweit die Änderung nach diesen Vorschriften reicht, § 177 Abs. 2 AO.

---

[190] AEAO zu § 172 Nr. 2.

In der Reihe „Fachanwalt Steuerrecht" der Hagen Law School sind weitere Bände erschienen:

Die Bücher sind im Shop des Hagener Wissenschaftsverlages unter www.hwv-verlag.de, im Buchhandel und bei Amazon erhältlich.